人文社会科学类学术丛书

区域融资效率的时空分异及其影响机制研究

王慧龙　著

WUHAN UNIVERSITY PRESS

武汉大学出版社

图书在版编目(CIP)数据

区域融资效率的时空分异及其影响机制研究/王慧龙著.—武汉:武汉大学出版社,2021.4(2022.4 重印)
人文社会科学类学术丛书
ISBN 978-7-307-22229-8

Ⅰ.区⋯　Ⅱ.王⋯　Ⅲ.中小企业—企业融资—研究—中国
Ⅳ.F279.243

中国版本图书馆 CIP 数据核字(2021)第 064013 号

责任编辑:唐　伟　　　责任校对:李孟潇　　　版式设计:马　佳

出版发行:**武汉大学出版社**　(430072　武昌　珞珈山)
(电子邮箱:cbs22@ whu.edu.cn 网址:www.wdp.com.cn)
印刷:武汉邮科印务有限公司
开本:720×1000　1/16　印张:12.25　字数:218 千字　插页:1
版次:2021 年 4 月第 1 版　　2022 年 4 月第 2 次印刷
ISBN 978-7-307-22229-8　　定价:45.00 元

前　　言

　　新三板作为"双创"的主体市场，孵化了众多科技创新创业型企业，它对形成这类企业的市场价值、拓宽其融资渠道、提升全社会创新力均具有显著的促进作用和示范效应。2017 年 12 月 22 日，全国中小企业股份转让系统拉开新三板市场分层与交易制度改革大幕，正式推出了新三板分层管理办法。这也标志着新三板市场正式从以"量"为导向过渡到以"质"为导向的发展阶段。新三板创新层的改革是建设经济新常态发展阶段下的创新型国家和"双创"社会至关重要的一步。本书选取新三板创新层企业作为研究样本，考察其融资效率，既符合理论要求又呼应实践背景，同时也能直观反映新三板市场分层发展的效果。

　　本书首先将国内外研究状况与我国新三板中小企业当前的融资状况加以结合，研究且整合出了我国此类公司融资效率的影响要素，同时在此基础上建设了本书的融资效率评估指标系统；首先使用 DEA 的 BC^2 模型分别计算创新层样本企业在分层制度实施前后企业融资效率的结果，然后通过 Wilcoxon 符号秩检验方法检验是否在分层制度实施以后，相比于分层制度实施以前，创新层企业融资效率变得更高，最后通过 Tobit 模型对融资效率的影响因素进行了分析。基于实际财务数据的可得性，科学地选取研究样本企业，对我国新三板创新层企业的融资效率加以评价与整合检测。重点分析内容包括：

　　第一部分为新三板融资现状与存在问题分析。从挂牌规模、行业与地区分布等领域研究我国眼下新三板中小企业的融资状况和改进的问题与不足。

　　第二部分为新三板企业融资效率的测度及影响因素分析。首先阐述了DEA 模型原理、Tobit 模型原理及其对应的模型指标选择，继而进行了基础层、创新层企业的融资效率分析以及基础层和创新层融资效率的差异分析，最后进行了新三板企业融资效率的影响因素的实证研究。

　　第三部分为新三板挂牌企业融资效率分行业分析。首先基于行业分类标准，分析了信息技术型企业以及工业型企业的行业概况，进而使用 DEA 的BCC 和 CCR 模型对整体企业、融资效率进行分行业静态和动态分析比较，得出相关结论。

第四部分为分层制度对新三板创新层企业融资效率产生影响的具体案例检测。本书选择使用规模报酬可变的数据包络模型来测算分层制度实施前后中小企业的融资效率，然后对比分析融资效率的变化情况，接着运用 Wilcoxon 符号秩检验方法来检验分层制度实施前后融资效率的统计显著性，最后用 Tobit 模型分析融资效率影响因素的作用程度。

第五部分为分层制度影响新三板创新层企业融资效率的实证检验。主要进行了分层前后创新层企业融资效率的测算及分析以及分层前后企业融资效率的比较检验。

第六部分为新三板创新层企业融资效率的实证研究。首先分析了新三板创新层企业的融资现状及存在的问题，继而依据三阶段 DEA 模型构建融资效率评价体系展开了融资效率测算结果分析，最后进行了创新层与基础层融资效率对比分析，重点是融资效率分解项对比分析。

最后，基于上述实证研究结论，从政府层面、企业层面和市场层面归纳了提升我国中小企业融资效率的方针意见：从政府角度而言，一是必须加强方针措施的扶持力度、帮助公司提升纯技术效率，二是要推行分层后的差异化管理制度。在企业层面，一是要持续加大创新投入、促进科研成果产品化，二是要优化融资结构、降低资产负债率，三是要增强资金营运能力、提高资金配置效率。在市场层面，不但需要增加中小企业的直接筹资方式，还必须健全新三板交易体系、增加市场流动性。

目　　录

第1章 绪 论

1.1 研究背景及意义

1.1.1 研究背景

2016 年，全球爆发了巨大的金融危机，自此之后，我国经济发展的外部条件变得更加恶劣，必须应对各种压力与挑战，尽管发达国家与我国的合作日益增多，然而此类国家对中国的发展壮大是拒绝的。以后，全球经济状况改进的空间变得越来越狭小，换句话讲，即我国经济发展的外部条件变得更加富于变化，由于客观环境的影响，我国经济所面临的考验也日益增多。尽管，国家与企业均未对此视而不见，我国的资本也有了较大的输出、积极实行"走出去"战略，尤其是在"一带一路"倡议提出后，我国的资本往国外流出的速度在日益加快，但是美欧等发达国家的资本流出速度却有了极大的下降。政府不断增加对经济布局的优化升级、积极增加国内的需求；另外国家也持续增加对规模较小的公司的支持力度，2016 年国务院下发了《中国中小企业促进法》。尽管如此，此类规模较小的公司始终面临筹资难、筹资贵等各种日益明显的问题，所以，如何应对我国中小企业当前面临的生存危机与增加其发展活力显得特别关键，这需要我们进一步探讨与分析。

眼下，我国的中小企业在日益发展壮大，在我国注册的公司中只有1%的比例为大型企业，参考有关资料，我国合法经营的中小企业总数在六千万个以上。如此多的中小企业在我国的市场大环境中竞争，只为了赢得自己的市场份额；而其对于技术革新、管理创新的主动性与大型国企比较，亦表现出更大的优势。尽管我们已经了解到此类企业能够发挥出巨大的功效，但是我们也需要正视一个事实，那就是：中小企业必须应对资产少、筹资方式少、国家方针限制等各种难题，而筹资方式少，融资效率不高为限制其进一步发展的核心要素。当前此类企业拥有的筹资渠道包括银行贷款、政府补贴等，尽管此类方式给其提供了一定的资金来源，然而效率低下也意味着此类方式无法完全解决中小企业资金难的问题。

这些年以来，政府慢慢地意识到中小企业在我国总体经济发展中的重要性，国家有关单位亦推出了许多管理方案与方针举措，目的在于处理中小企业筹资难、不良竞争等各种在发展中出现的难题。然而对中小企业的发展影响最大的筹资难题始终无法完全处理，但是充足的资金对中小企业的立足与长远发展起着决定性作用，同时还对我国总体经济的发展起到影响。由于互联网科技和信息技术有了较大的发展，新型金融服务给我国中小企业的筹资带来了极其新颖的处理方案。国家部门与监管单位亦持开放态度，积极激励企业开拓创新，也认可筹资平台等的成立，如此好的大环境也促使新三板市场也获得了极大的发展。新三板开发的主旨是给小微企业提供金融产品与服务，所以顺利登陆新三板也属于此类企业的发展愿景。由于新三板市场的持续发展等市场情况有了较大的改进，到 2018 年 9 月下旬，我国中小企业的规模已接近 11000 家，总市值已逾 5 万亿元，总股本约为 6400 亿股。新筹资方式的问世很快引起了大众的关注，他们对新三板的许多问题都特别感兴趣，比如新三板的中小企业，其筹资效率如何？在新三板上市可否提升公司的筹资效率、改进公司的筹资状况？身为我国资本市场的新兴关键力量，新三板可否真正帮助处理长时间中限制中小企业发展的资金问题？

近年来，为实现金融支持实体经济发展，我国积极构建多层次资本市场的模式，鼓励新三板市场发展成为资本市场的"塔基"。一方面，新三板充分发挥为主板、中小板和创业板输送"新鲜血液"的传输作用。根据 2016 年 12 月 19 日颁布的《"十三五"国家战略性新兴产业发展规划》，政府积极支持符合战略性新兴产业条件的企业上市或挂牌融资，并尝试探索新三板挂牌企业"转板"至创业板上市的试行办法。另一方面，新三板充分发挥了培育壮大诸多中小微创新型企业的"孵化"作用。对于大部分中小企业来说，主板、中小板、创业板的进入门槛还是很高的，能够进入其中的企业实力已经较强，并不是面临着最大融资困境的企业。而剩下的真正需要融资帮助的企业可能无法满足主板、中小板、创业板的上市要求，新三板的出现为解决这类企业的融资问题提供了良好的出路。选择新三板市场作为企业融资效率的研究对象，探究新三板挂牌企业融资效率的高低以及融资效率的影响因素，根据研究结果对提高挂牌企业的融资效率提出建议，是为了解决融资需求最迫切的中小企业的融资效率问题，使得为国家生产力的发展奉献其主要力量，在促进就业、维护社会稳定、推动科技创新等方面发挥着重要的作用的中小企业能够更好地发展，更高效的为我国经济发展做出贡献。深入的分行业进行融资效率比较，是为了探究不同行业的企业在融资效率上的差别，如果存在差别，对融资效率更高的行业提供融资的优惠政策，可以优化资源配置。

从 2016 年 6 月底开始，我国中小企业的股转体系将正式对成功登陆新三板的公司实行分层管理，这次分层把新三板中的公司划分成基本层与创新层两种层次。而区分这两个层次的指标重点涵盖了以下 3 个领域：公司获利能力、发展空间与市场口碑。分层管理可以给投资人士在投资时筛选标的、进行投资决定等给予更为可靠、安全的资料与服务，同时也可以给其他没有进入创新层的公司产生借鉴作用。以此为前提，以将进入创新层的公司作为分析样本，对我国新三板公司的筹资效率与方案分别加以评价与分析，进而让其他各大中小企业事先知悉市场的各方面需求，以便实时加以调整，从而更好地适应市场的变化。2017 年，政府工作报告中首次提及新三板，报告将新三板与创业板置于一处强调，鼓励积极发展新三板，以此提高"大众创业，万众创新"的积极性。新三板作为"双创"的主体市场，孵化了众多科技创新创业型企业，它对形成这类企业的市场价值、拓宽其融资渠道、提升全社会创新力均具有显著的促进作用和示范效应。

新三板在交易的活跃度和总体估值水平上虽难与创业板甚至中小板匹敌，但其发展速度十分迅速。全国中小企业股份转让系统于 2013 年正式揭牌，成为全国范围的基础性证券交易市场。同年，新三板市场开始扩容，鼓励科技创新创业型企业通过挂牌融资谋求发展。因此，新三板门槛随之降低，迎来了爆发式增长。面对渐趋完善的资本市场，当前首要任务是深化资本市场改革。新三板分层管理试行办法推行以来，创新层企业的市场表现明显强于基础层企业。2013 年至 2017 年，新三板创新层企业定向增发累计融资额达 1943.88 亿元，超过新三板市场总量的五成。2017 年 12 月 22 日，全国中小企业股份转让系统拉开新三板市场分层与交易制度改革大幕，正式推出了新三板分层管理办法。这也标志着新三板市场正式从以"量"为导向过渡到以"质"为导向的发展阶段。截至 2018 年 2 月 20 日，新三板挂牌企业已达 11635 家，其中创新层企业 1325 家，基础层企业 10310 家。

总而言之，新三板创新层的改革是建设经济新常态发展阶段下的创新型国家和"双创"社会至关重要的一步。本书选取新三板创新层企业作为研究样本，考察其融资效率，既符合理论要求又呼应实践背景，同时也能直观反映新三板市场分层发展的效果。

1.1.2   研究意义

自 2012 年扩容以来，新三板成为了全国性的交易市场，进入了高速成长阶段，受到各界人士关心，关于新三板的分析也多了起来，在 2012 年那段时间新三板的研究主要集中于定性分析，案例分析占各种研究的大多数，经过自扩容以后一段时期的发展，新三板市场的研究样本及数据变得相对更加丰富，所以近两年来关于新三板的定量分析也逐渐变多，这些定量分析主要包括新三板的发展情况、新三板企业融资效率测度、新三板企业财务绩效研究，这些研究均着眼于企业本身，对于新三板的政策发展变化影响的研究是相对缺少的，因而本书着重于新三板的制度创新，实证及理论分析市场分层的这项新三板的制度在提高新三板企业融资效率的过程中起到了什么作用，然后根据研究的结果提出有关的政策建议，这在研究思路和研究方法方面有一定的参考意义，能够弥补部分研究的空白。

本书重点研究新三板创新层企业的融资效率在新三板分层制度实施前后的变化情况，研究的现实意义在于通过实证研究中小企业融资效率的变化来检验分层制度实施的效果，进而分析这些效果产生的原因，然后找出制度实施过程中的问题，最后针对这些问题提出有关的建议，为完善新三板的制度建设提供一些思考。

1.1.2.1   理论意义

（1）本书对影响我国中小企业筹资效率的要素加以探讨，同时对此类企业当前的筹资情况和出现的问题加以研究，另外也对理论和实证研究给出了相关意见，这使得我国中小企业在筹资方面的思想变得更为多元化，同时亦为深入促进我国金融市场的繁荣与进步奠定了理论基础。

（2）我国就新三板市场的分析重点在体制建设领域，比如：交易方式、监督体系等，就筹资类市场属性的分析反而不多，因此本书对新三板市场在筹资效率方面的探讨拥有相关理论指导意义。

从研究主体来看，新三板分层制度自 2016 年 6 月起试行，分层时间较短，学者鲜少选取新三板创新层企业为样本进行研究。然而诸多实践均表明，创新层企业的市场表现明显强于基础层企业。因而，笔者认为以创新层挂牌企业为研究主体更具代表性。

从研究方法来看，学者多采用传统 DEA 模型对融资效率进行评价，仅考虑了企业内部管理与技术水平对融资效率产生的影响，忽略由外部环境造成的融资无效率，可能会造成研究结论与实际情况脱节。因而，本书采用三阶段DEA 模型实证研究创新层企业的融资效率，综合考虑内外部影响因素，为后续学术界的深层次研究奠定基础。

1.1.2.2 实践意义

新三板设立之初，主要是为了解决科技创新创业型中小微企业的融资发展问题。然而，如今的新三板市场与设立之初相比发生了深刻变化。新三板市场存在发行缓慢、挂牌企业质量良莠不齐、流动性严重匮乏等问题，使得其无法满足众多中小微型企业的融资需求，服务实体经济的功能缺失。在深化资本市场改革的大背景下，新三板各项规章制度亟待完善。本书研究新三板创新层的融资效率不但能够在广义上促进市场制度加以完善，还能够在狭义上有助于提高中小企业筹资的成功率。

重点包括以下几点：

（1）给大量没有挂牌、上市的中小企业给予相关启发或借鉴。眼下，我国场外的交易市场还位于刚开始兴起的时期，中小企业以一己之力难以在全国性与特定空间性的此类市场中加以抉择。为了减少费用开支，以及有助于中小企业的进一步发展，本书对挑选的样本公司在筹资效率的年份和时间方面加以研究，也对此类样本公司的筹资效率在产业与上市前后加以比较，能够让其他各类企业也获得一些启发。同时本书对公司筹资效率影响要素的定性研究以及汇总检测，也为此类企业从公司自身角度提升筹资效率给出了实际参考。

（2）可以促进我国金融市场的进步，成立丰富的金融市场机制。我国的资本市场体制当前位于初步发展时期，建立的时间较短，在制度统一、交易准则等许多领域始终拥有一些缺陷，此为我国新三板市场当前的状况。本书经由对我国新三板市场的发展状况、问题加以探讨，不但可以给中小企业提供更为健全的筹资渠道，还可以深入改进新三板市场的操作体系、促进该市场在操作效率方面的提升，进一步让新三板在全国性场外交易市场更好地产生其应有的功效，让国内多层次资本市场可以更好地发展壮大。

总而言之，综合理论与实践来看，本书选取新三板创新层企业作为研究主体，既具针对性也更有代表性。不仅为学术界对创新层企业的深层次研究奠定基础，同时也为新三板制度改革与创新层企业发展建言献策。

1.2 文献综述

1.2.1 国外文献综述

1. 融资效率文献综述

效率为经济学分析领域中的一个关键问题，发达国家的专业人士基本上是从与效率有关的含义、评估途径、影响要素等方面来加以分析。国外学者在研究企业的融资问题时，通常都是注重于企业融资方式的研究或者是企业融资结构的研究。

法雷尔是最先从微观视角研究融资效率问题的学者，他从投入和产出的角度定义了效率，提出一个公司的效率包括技术效率和配置效率。技术效率是指在同样的产出水平下，最小的投入量和实际投入量之间的比率。当实际投入量等于最小的投入量时，就达到了技术有效，此时的效率值就为 1。配置效率是指在同样的投入水平下，最大的产出水平和实际产出水平的比率，当实际产出水平等于最大产出水平时，就达到了配置有效，此时的效率值就为 1。

比如说，Farrell（1957）参考当代经济学，创造出了可以预估效率与生产率的界限研究方式，该方式指出公司的效率必须包括两点，也就是技术效率与安排效率；从微观层面上看，Jensen（1983）认为有效率的融资就意味着企业融入的资金尽量都投到有需求的领域，没有资金的浪费。

在国外学者 P. R. Gregory、R. C. Stust（1985）看来，效率是一个经济体系在固定时间或在某一时间中对能够得到的资源加以合理使用；Sumueloson（1989）的观点是效率代表没有浪费现象出现，或是市场可以合理地使用经济资源且实现大众的各种需求；Sulla 等人（2003）对中小企业不同融资方式（股权、债权、内源）进行比较分析，研究发现企业在发展过程中，由于融资成本高，融资渠道受限等筹资因素，影响其长期融资效率和扩张发展；Pottier（2011）等人研究了规模经济、区域经济以及所有因素生产率，与企业管理、组织状况、资本布局等微观因素对企业效率产生的影响。

在发达国家专业人士的有关分析中，也未给融资效率的概念加以界定，而基本上是从筹资方式对企业绩效的影响加以实证分析。Hansen 与 Crutchley（1990）经由对 20 世纪七八十年代在美国增发股票的、接近一百一十家上市企业的财务信息加以分析，将资产报酬率作为分析维度，获得了公司增发股票后获利程度大大下跌的结论；Loughran 与 Ritter（1995）也对该时期增发新股的部分美国企业加以分析，了解到在增发后的五年期间，企业的平均收益率比未增发的企业要低。

MC Jensen Ruback（1983）是这样定义融资效率的，即企业把通过各种渠道融到的资金，合理有效地运用在其日常经营活动的配置效率。Levine（1996）认为其实融资效率也可以称作资本配置效率，他提出：股票市场最主要的作用，就是可以提高公司资本配置的效率。

Jain、Kini（1994）通过以美国 1979 年到 1988 年间 IPO 的 682 家公司为样本的研究发现，IPO 后公司的业绩会出现明显的下滑，也就是说公司融资效率低下的问题是普遍存在的。Loughran、Ritter（1995）在研究过程中，以 1970 年到 1990 年之间 IPO 的公司和进行定向增发的公司数据为样本，对比了融资前后的效率，结果发现，融资后公司的经营业绩普遍都发生了下滑。

Beck Thorsten（2005）通过研究发现，资本市场因为单一这个缺点，导致很多发展中国家、甚至少数发达国家的企业都面临着融资困境的。公司在面临融资困境问题时，不仅不利于公司的发展，甚至也不利于当地经济的发展。Shima Amini、kevin keasey 和 Robert Hudson（2010）认为在经济危机发生时，导致中小企业融资更加困难，在这种情况下引入区域性的股权交易市场是不足为奇的。在对英国 AIM 市场上市的公司进行分析发现，与发展区域性证券交易市场相比，更加有效的做法可能是加紧中小企业与现有交易市场及机构之间的联系，以促进中小企业的发展。

2. 融资效率影响因素的文献综述

由于国外的制度和组织为企业提供了社会化、分散化、市场化的融资环境，不少国外企业都能达到融资有效的状态。所以，外国文献中对融资效率尤其是中小企业融资效率的研究偏少，国外研究的主要贡献在于融资理论方面。

现代企业融资理论研究的基础——MM 定理，是由 Modigliani 和 Miller（1958）提出来的，他们首次将企业融资市场发展的研究引入融资效率领域。Berger 和 Udell（1998）的研究则验证了金融成长周期理论，他们发现企业在发展初期时以盈余留存的内源融资为主，当企业走向成熟时，外源融资才成为主要融资手段，其中企业对股权融资偏好债券融资，这说明随着企业的不断发展，企业会选择适合其本身发展的融资方式。Romano、Tanewski 和 Smyrnios（2001）的研究认为融资结构、管理方式、生命周期等都是影响企业融资效率的关键因素。Barbosa 和 Moraes（2003）以实证的方法对巴西中小企业进行了研究，认为资本构成、企业规模、经营周期等都是影响企业融资效率的主要因素。Chemmanur 等人（2011）研究得出民营企业在种子阶段获得的风投资金能促进其全要素生产效率。尚欣荣（2011）在研究融资效率影响因素时，讨论了融资风险、企业规模、资本结构、盈利能力、运营能力、企业成长能力。

Heitor Almedia、Daniel Wblfenzon（2004）通过建立融资均衡模型得出，公司的外部融资需求和外部投资者的保护对资本配置有显著影响。Almeida 和 Wolfenzon（2005）率先提出均衡模型来衡量资本配置的有效性，文章认为资本配置的有效性不仅和外部投资者的信心有关，也依赖于公司对外部融资需求的程度，如果投资者的投资欲望不高、信心不足，那么会降低企业的融资效率；如果企业对外部融资需求较大，说明企业资金较为短缺，会优先将资金向企业的高生产效益项目上配置，这有助于资金利用率提升，间接增进了企业的融资效率。Hogan、Teresa、Huston（2007）认为科技型中小企业更偏向于外部资产融资，其融资决策对企业的融资效率有很大影响。Chamberlain（2009）基于对美国企业的研究，提出公司资产负债率对融资有显著影响，在一定水平内，负债能实现融资效率最大，但产权比率过高又会导致融资效率下降。Columba、Gambacorta 和 Mistrulli（2010）认为中小企业间的互助担保组织有利于企业缓解融资难问题，在非完全有效市场情况下，企业间的互助担保组织可以增强企业信用，使得企业更容易获得银行贷款，互助担保组织也承担筛选企业资信、监督企业还贷等责任。

Welker、Healy（1995）和 Leuz、Verrechia（2000）等都发现上市制度和流动性之间的积极关系，但他们的研究只关注于交易成本。Frost，Botosan（1997）研究了从 1994 年至 1996 年纽约证券交易所，纳斯达克和 OTCBB 上市的非美国公司的流动性的变化。他们研究得出结论：管制和披露要求是影响流动性的重要因素。Frost（2006）研究了在全球 50 个交易所中披露要求与流动性之间的关系。他们看出披露制度与流动性水平具有相关性。

Kevin D. Broom 和 Jason S. Turner（2016）检验了纳斯达克市场分层制度的上市要求与衡量市场质量的四个指标之间是否有明显的关系。结果显示更严格的上市制度形成更透明的投资环境，进而降低交易成本和资金成本，提高利益相关者的财富。

综上所述，国外鲜有关于融资效率的直接研究，多是从融资方式、融资结构、融资的影响因素等方面进行论证。同时，西方的研究均是着眼于分层制度对纳斯达克市场或场外交易市场本身的效果，研究多集中于对纳斯达克市场流动性、权威性、市场质量这方面的影响，而很少有关于对企业本身有何种影响效果的研究。也就是说融资效率这种说法在西方学者中流传不广，原因主要是西方的私有制经济占据主导地位，市场观念深入人心，经过多年的发展具备了良好的多层次资本市场，西方的企业不存在普遍的融资难问题。

1.2.2 国内文献综述

1. 分层制度文献综述

荆新瑜（2016）从中外比较角度出发，总结了纳斯达克市场分层制度的演变过程及对当时资本市场和企业的影响。美国纳斯达克市场 1982 年的分层行为主要是出于技术上的考虑，提高报价速度，降低交易成本。在这次的分层中，纳斯达克市场出现了全国市场和常规市场这两种市场，主要的成果是改变了纳斯达克的流动性。2006 年 7 月，因为纳斯达克注册成为全国性证券交易所，所以它打算筛选出优秀的企业与其他资本市场竞争，于是准备进行第二次分层，这一次将市场分为资本市场、全球市场和全球精选市场三个层次，进入三个层次的难度依次增加。其中全球精选市场的上市标准最高，主要面向大盘蓝筹公司。

李然（2017）从定性的角度研究了分层制度和公司市值与公司发展阶段的关系。他提到挂牌公司数量已达到了很高的水平，许多处于细分的不同发展阶段的企业都在一起进行转让交易，因此新三板在公司的规模和发展阶段上出现了割裂的情况，需要按不同的部分来管理新三板挂牌公司，这样才能充分发挥资本市场的融资功能，"分层的本质是挂牌公司风险的分层"。

樊瑞萍（2016）则将目光聚集在新三板的各个指标上（例如流动性、成交量、换手率），研究了分层制度和指标的关系。通过分别对比创新层和基础层分层前后流动性、成交量、换手率的变化，将企业分成创新-协议、创新-做市、基础-协议、基础-做市四个类别，发现在分层后，四类公司在整体成交公司家数上并没有增多；但是成交量方面创新层公司增加，基础层企业降低；创新-协议类企业在平均有成交的公司家数、成交量和换手率上均有所改善。

侯岭艳、李雪兰（2016）则是把重点放在了新三板流动性和分层制度的关系上，通过对比股份公司成交数量、换手率、股价稳定程度 3 个角度在分层制度后的变化后发现，虽然分层制度和企业的流动性有一定的关系，但是分层制度却没有统计学意义上提高市场的流动性，仅仅使得成分发生了变化。"流动性问题可能是一个股票买卖双方的人数配比问题，这个问题与发行制度有一定联系，因此不只是交易制度的原因"。

回顾以往文献我们发现，目前的研究内容主要包括对分层制度的介绍，定性分析分层制度的结论以及分析各种资本市场指标和分层制度的关系。但是现有对分层制度的研究缺少对分层制度效果的系统理论分析，相关的文献如李然

（2017）等也只是简单将分层制度的影响分成了流动性增加及估值效果提升两个方面。同时，对新三板分层制度的影响分析仅仅停留在对新三板流动性的几个相关指标对比分析上，并没有深入具体对企业有哪方面的影响，因此本书选定了企业融资效率这一个方面，准备分析新三板分层制度对企业融资效率的影响，弥补现有文献的空白。

2. 融资效率文献综述

本书这部分的思路是：第一；总结界定什么是融资效率的文献，第二，总结与融资效率影响因素的定性分析有关文献；第三，总结计算融资效率大小程度的文献。

（1）融资效率界定。

从现有的研究可以看出，根据研究的不同目的，对于融资效率是什么的问题，国内众多学者有自己不同的观点，因此目前还没有什么是企业融资效率的统一定义，在实际使用中也都是根据实际情况进行调整。因此我们需要按照时间顺序梳理一遍融资效率的定义。

曾康霖（1993）是第一个使用融资效率这个概念的人，他把融资效率看作是融资成本的另一面，然后分析 7 个改变融资效率的内容：所投资项目的风险大小、相关利益方建立的约束机制、经济体市场化进程、货币政策的作用方式、政策实施对象的稳定性、市场收集到的信息质量、投资项目的范围。然后得出结论："在我国当前情况下，间接融资应该是我国企业的优先融资方式，而直接融资方式作为一种补充。"

宋文兵（1998）则直接点出了融资效率这个概念，将其与融资方式合并在一起进行分析讨论。他将融资效率划分为两个部分的能力评价，第一个能力是"以最低成本为投资者提供金融资源的能力"，被称为交易效率。第二个能力是"将本身已经得到的资本分配给最优化的生产者的能力"，被称为配置效率，而这一效率也与托宾理论中的功能性效率相类似。

卢福财（2000）在其博士论文中专门进行了企业融资效率这一概念的建立和企业融资效率分析体系的构建，他将融资效率定义为在国民经济的储蓄向投资过度的时候，企业所提供的作用大小和效果。同样的，他也将融资效率分为两个能力的评价的集合，第一个能力指以自己选定的方式获得资金，在此过程中能够满足最低成本与收益之比以及最低风险的要求，被称为融入资金效率；第二个能力指以自己选定的方式使用资金，在此过程中能够获得最大收益的能力，被称作融出资金效率。

马亚军（2004）对融资效率及其理论框架进行分析，总结前人的观点后提出融资效率和融资的过程相对应，融资包括两个方面的过程，第一利用各种融资方式和融资工具吸引资金流入，第二利用资金获得足够收益并向其他经济体提供投资工具。他提出融资的过程包括资金的获取和资金的运用。因此相对于融资的过程提出融资效率相对应的三点：在资金充足的情况下尽可能降低企业融资的成本；融入的资金被企业以更好的方式运用；同时对比需要动态地进行。

聂新兰、黄莲琴（2007）则继承宋文兵的观点，将融资效率确定为交易效率和资金使用效率并进一步分析如何测算以及评价该两种效率。最后对什么会改变融资效率的大小进行了分析。

回顾以往文献我们发现，虽然曾康霖（1993）最早使用融资效率这个概念并加以分析，但是并没有直观说明什么是融资效率，而是利用另一种指标来对它进行解释，即融资成本，也就是说他只是提到了融资效率和融资成本的反向关系。宋文兵（1998）则开创性地确立了融资效率的概念，将融资效率分为交易效率和配置效率，该种界定比较明确和肯定。卢福财（2000）在宋文兵的分析上增加了一个新的分析维度，在他的分析框架下融资效率被分成融入、融出效率，可是对外投资是资金融出效率的重点，它与本书将要分析的内容不是很相关，因为本书新三板对企业的融资主要是融入资金并加以运用，融出资金中的对外投资部分则与新三板没有联系，对外投资是企业寻找其他投资机会的行为，和本书研究的问题无关，本书不予考虑。本质上，马亚军（2004）是对宋文兵的观点进行进一步补充，相对于宋文兵他添加了一个融资效率的横向对比。

（2）融资效率的影响因素。

马亚军（2004）不仅给出了融资效率的概念，并且还对什么会影响融资效率提出了自己的观点并进行分析，最后还给出了计算的方法。他认为股权融资效率与信息成本、信息质量、信息不对称性和资本市场流动性有关，信贷融资效率与银行本身的制度管理有关，与银行筛选和监督的效率相关。而企业本身的资本构成，内部管理体制，生产经营效率会对内在的融资效率产生效果。他为融资效率的评价设置了一个指标，计算方法是投资报酬率除以资本成本率。

曾辉（2005）则觉得融入资金的代价，资本的配置能力及企业的融资方式会对融资效率产生影响，其中前两个是直接影响，后一个的影响方式是通过融资方式影响融资结构，进而不同的融资结构会有不同的治理方式，最终影响企业价值。在他的分析中，使用融入资金的代价计算的指标是资金成本与融入资金的比值，资金的配置能力则使用实际获得资金除以计划获得资金。而企业的融资效率指标的计算方法则是投资报酬率除以融资成本率，这一点他和马亚军（2004）一样。

聂新兰、黄莲琴（2007）则选择把企业的融资效率分为交易和使用效率。并且融资成本和资本成本会对交易效率产生效果，她们认为融资成本和资本成本在有效的资本市场上的内涵是一致的，但是当资本市场非有效的时候，由于投资者对股票投机的原因使得资金的资本成本接近于零。同时企业本身创造利润的水平才与使用效率有联系。她们在分析了以往学者的指标的基础上提出了经济增加值（EVA）的评价指标，将企业的经济增加值和股权资本成本的比值作为融资效率的评价指标。

胡慧娟、李刚（2018）则认为需要从经济学的视角来分析企业融资效率，把企业融资效率区分为微观类型、宏观类型。资金流入效率、企业治理能力和资金流出效率包括在微观类型里面。现有经济体制、经济发展水平、金融市场发展现状则包括在宏观类型里面。其中获取资金的成本，资金及时获取情况，企业偿债水平是绝对指标，成本高，资金到账不及时，偿债困难，则融资效率低。而企业治理结构，融资结构是需要与行业平均水平进行对比的相对指标，这些指标越合理，企业融资效率越好。

回顾以往文献我们发现，各位学者根据自身研究方向确定融资效率的定义，进而进行分析融资效率的影响因素。但是我们仍然可以总结出如下几点：一是融资效率中的交易效率与融资成本和与信息有关，融资效率中的配置效率与资本结构、公司治理结构、公司盈利能力、偿债能力有关。胡慧娟、李刚（2018）的研究包含了宏观经济状况，虽然仅仅是定性的分析宏观经济如何影响融资效率，但是确实是开拓性的将宏观经济形势引入融资效率的评价当中。各位学者大多是运用 CAPM 理论和融资成本理论来确定融资效率的衡量方法。

（3）融资效率的实证研究。

总体来看，对企业融资效率的实证研究非常丰富，这些研究主要是研究的主体企业的类别不同，根据企业主体的类别有很多分类。大致将这些研究可以根据以下几个方面来分类说明。首先很多研究是以企业所处行业来进行分类，这些文章的行业重点在物流、医药行业等。

宫兴国、孙新明（2017）着眼于物流行业，他研究的对象是上市的 31 家物流企业，研究的方式是 DEA 下的两阶段模型。经由测算发现物流行业企业融资效率一般偏低，从筹资效率和配置效率的相对比较来看，运输类企业前者大于后者，其他类企业的后者大于前者。吴楠、姚金枝（2015）着眼于生物医药行业，重点分析资本结构如何改变融资效率，研究结果是股权的分散状况、融资中银行借款占比、资产负债率会较大程度改变企业融资效率。徐小涵、王洪海、钱莹（2015）同样着眼于生物医药行业，研究的方式是 SBM-DEA 模型，分析的结果是医药行业企业融资效率普遍偏低，且大部分低于平均值，主要的原因是业务成本高，总资产利用率低和资产负债率高。其他行业也有很多研究，如余丽霞、王璐、温文（2013）关于白酒行业，魏培培（2011）对房地产行业，潘立生、方芳（2010）年对批发零售业等。

其次更多的研究是把研究对象按照主板市场、创业板市场、中小板市场和新三板市场来进行分类，研究不同市场企业融资效率。

宋增基、张宗益（2003）着眼于主板市场，研究的对象是主板的上市公司，研究的方式是最小二乘回归模型，自变量是资产负债率和普通股比例，因变量是上市总成本和托宾 Q 值，在分析中融资效率被分成筹资效率和配置效率两个部分，并分别进行测算，经过分析得到结论一是债务能降低企业的融资成本，使企业市值增加，虽然债务融资成本比股权融资成本要高，二是股本流动性比例越大，公司的融资成本就越低，但是在配置效率的方面，公司托宾 Q 值负相关于资产负债率、公司股本流动性。

徐赞（2008）将主板市场和中小板市场进行对比分析，以盈利能力与融资成本来衡量融资效率，发现各大银行对中小企业的惜贷现象仍然大范围存在，主要原因是中小企业没有贷款所需的抵押和担保；同时成长型企业中规模较小的那一部分没有资质进行发行债券融资，所以它们不得不使用高息债务融资，于是融资成本升高；中小板的发展只是给予了中小板的企业一种股权融资的方式，因为这些企业的规模普遍较小，并且这个方式的效率还不高，而整体的融资情况并没有得到改变，企业仍然很难获得资金。

杨蕾（2007）着眼于中小板，她研究的对象是中小板上市的 38 家企业，研究的方式是 DEA 模型。她通过初步分析得到了六个影响融资效率的要点，分别是融资成本、资金利用率、融资风险、资金清偿力、融资机制的规范度、融资主体的自由度，经由测算发现处于 DEA 有效的企业只有 2 家，同时得到了 3 个提高融资效率的侧重点，分别是优化股权结构、优化融资结构、提高产品竞争力。

陈彩虹（2010）着眼于中小板中的南京企业，研究的方式是 DEA 模型，经由分析得出的结论是南京上市企业的整体融资效率比较高但略呈下降趋势，但是因为这些中小企业刚上市没多久，上市以后和以前的数据并不充足，所以没有发现上市前后这些企业的融资效率有什么样的变化趋势。

再次，也有许多学者专门研究中小科技型企业融资效率问题。高山（2010）使用的研究方式是 DEA 模型，研究的对象是科技型中小企业，通过研究发现我国中小科技型企业融资效率在 2007 年、2008 年不是很高，得到的结论是建设良好的外部融资环境以及担保体系是提高企业融资效率的重要方式。杨宜（2009）使用的研究方式是 DEA 模型，研究的对象是北京中小企业，通过研究发现第一从融资效率的绝对值看北京高科技中小企业低下，第二从有关的影响因素看高科技中小企业融资效率受企业资产总额的影响，第三从融资效率的分解角度看企业处于规模报酬递增阶段。最后融资效率与资产结构有很大关系。

最后还有学者重点关注企业所有权性质。沈友华（2009）将所有权分为民营企业和国有企业，研究了这两类企业的融资效率。作者使用的研究方式是 DEA 模型，运用的投入变量是资产总额、资产负债率、营业总成本、流动比率，产出指标是净资产收益率、总资产周转率、净利润、主营业务收入增长率，通过研究发现相对于国有企业的融资效率而言，民营企业的融资效率要低，并且融资效率更好的国有企业在数量上也要比民营企大，最后在同档次的企业中，民营企业融资效率低的企业在数量上大于国有企业。

从以上研究来看，融资效率的测度大多以 DEA 方法进行，具体运用何种 DEA 方法有各自的考虑，具体包括 DEA、两阶段 DEA、三阶段 DEA、DEA-Malmquist、SBM-DEA，并且这些模型的输入变量类似，投入变量大多包括总资产和资本结构，产出变量大多包括总资产周转率、净资产收益率等。

按照行业来分类进行测算融资效率的结果均差的不多，几乎所有的结果都是融资效率普遍偏低，按照行业分类主要的考虑是数据的来源问题而不是有理论上的诉求。相反，按照板块进行分类，同时本质上也是按照企业成长阶段和规模进行分类，则有理论上的意义，因为不同板块的企业所处的规模和成长阶段不同。徐赞（2008）分析了中小板和主板企业融资效率，但是在资金融入部分却仅将融资效率与融资成本相联系，杨蕾（2007）则单独测算了中小板的融资效率。按照民营与国有的分类则是另一种特殊的视角，目的是按照企业所有权属性来分类。但是由于新三板是最近几年发展起来的专门服务于中小企业的板块，所以目前对新三板企业融资效率的研究比较少。

3. 新三板融资效率的文献综述

最后因为本书研究的主要对象是新三板企业，所以在此着重综述与新三板融资效率相关的文献。自从 2014 年扩容以来，新三板方面的研究有爆发式增长，但是总体上看，研究新三板企业的融资效率文献数量没有很大。

（1）新三板企业融资效率的测度方面的研究。

孟媛、杨扬（2015）研究的对象是新三板挂牌的 51 家科技型小微企业，运用的是 DEA 模型，他们选择的投入指标和产出指标分别是总资产、资产负债率、主营业务成本，净资产收益率、主营业务收入增长率和总资产周转率，研究的期间是 2011 和 2012 年，通过研究发现第一从时间上看企业 2012 年的融资效率值要比 2011 年的小，第二从具体行业来看高技术服务业、电子信息业和生物医药业的融资效率高，新能源与高效节能及环保业的融资效率低。

修国义、李岱哲（2016）对新三板的融资效率研究的比较全面，首先将我国新三板市场和美国纳斯达克市场进行对比，对比从 3 个方面来考察，然后将研究的对象聚焦于新三板上的科技型中小企业，使用的研究方法是投入产出可变的 DEA-Malmquist 模型，并运用静态-动态分析法。选取的投入指标为总资产、资产负债率、主营业务成本，产出指标为净资产收益率、总资产周转率和主营业务收入增长率，并从静态和动态两个方面来分析考察。通过研究发现从整体上看，目前我国科技型中小企业融资效率偏低的原因是企业规模效率不足，企业无法充分融资，资金周转不足，而纯技术效率则相对较高，有大部分企业是纯技术效率有效，这说明企业的内部管理水平还可以。

王重润、王赞（2016）同样使用 DEA-Malmquist 模型对新三板企业融资效率进行测度分析，但是他们是以新三板所有企业为样本，并没有具体的按照某一类别来选取特殊的样本，他们选择的投入产出指标和修国义、李岱哲（2016）类似，只是在产出指标上增加了每股收益，通过分析发现达到融资效率 DEA 有效的企业数量只占总企业的小部分，但是随着时间的推进，中小企业整体的融资效率正在缓慢提高，其中原因是纯技术效率正在每年上升，进而说明企业内部管理更好了。最后企业融资效率非有效的主要原因有以下三点：一是企业资产负债的构成与行业平均水平有差距，二是营运资金的周转不足，三是企业成长性较差。

沈忱（2017）使用的研究方法是三阶段 DEA 模型，研究的内容是与新三板企业定向增发有关。通过研究发现，企业所处的外部环境，例如经济规模、经营效率、盈利能力，会在相当程度上影响到企业的融资效率，因此在测算企业的融资效率值的时候需要抹平环境因素对企业融资效率产生的影响，最终的结果是新三板的中小企业融资效率不高。当前新三板的中小企业纯技术效率是不低的，融资效率不高的主要原因在于规模效率不高，样本企业在资源配置能力和使用效率上差别不大，规模报酬增加是超过 80% 的企业所处于的状态，说明新三板中小企业在生产经营活动中所需要的资本量很多。

（2）新三板融资效率影响因素的研究。

胡冬辉（2016）通过对做市转让与协议转让两种科技类公司加以 DEA 评估与整合对比，发现不管是从整体上看还是分解的不同指标来看，不同转让方式的企业的效率值相差不大，做市商制度并没有对公司的筹资效率产生较大的影响；做市转让公司的股权筹资能力比协议转让公司好很多，做市商制度的价值发现性能已经在某种层面上有了一些体现，然而无法对改进科技类公司的筹资需求带来巨大的影响；通过冗余值我们发现主营成本和主营业务增长均出现不足，并且不同转让方式的企业这两个不足均差不多，原本希望做市商制度出现的关于筛选和推动经营效率的能力没有出现。因为做市商制度的实行时间不长、公司需要的研发时间较多，因此对于科技类公司在生产领域的促进功效需要进一步加以检测。

廖艳、沈亚娟（2017）研究的对象是 2014 年新上市新三板的企业，运用的模型是 DEA 模型，使用的方法是对比分析法，对比的时期是上市前后，通过分析发现只有不到 2 成的企业是融资效率 DEA 有效的，而其他的企业融资效率都不高，在作者提出的影响要素中，与融融资效率呈正比例关系的包括总资产、获利能力等指标，与其呈反比例关系的有资产负债率。

（3）新三板企业某些行为前后融资效率变化的研究。

方先明（2015）的研究重点在融资效率的改变，通过分析获得资金那段时间企业的效率变化，得到如下结论：第一，企业的融资行为没有显著影响企业的技术效率，融资行为发生的那段时间企业融资效率均不高；第二，从纯技术效率角度，获得资金后企业纯技术效率反而显著性变少；第三，有一定比例的新三板企业在融资时没考虑自身的实际情况，过多融资，使得融到的资金没有能够创造利益，导致效率降低；第四，现阶段还有很多新三板挂牌企业不具备一定的成长能力，更有可能会随时经营不下去。据此提出几点建议：增强企业资金营运能力，提高资金使用效率，健全新三板市场制度，增加筹资方式，政府必须将监督工作做到位，进而使新三板市场可以对各公司发挥出积极作用。

夏宝藏（2016）的研究重点也在融资效率的变化，这个变化的时期是企业挂牌前后。通过研究发现挂牌前后企业融资测算的三种效率均处于较低的状态，更进一步的，从均值上看，挂牌后企业融资的三项效率均值更低。企业较低的纯技术效率是导致企业综合效率较低的主要原因，但是整体来看，挂牌后企业的分解出来的规模和纯技术效率的均值和标准差都更加低下。从融资的整体效率与分解效率方面而言，样本公司在新三板上市后的筹资效率没有提升，反而出现下降的情况。

1.2.3 研究述评

经由对与中小企业在融资效率领域的相关资料加以整理，了解到发达国家因为资本市场的成长、公司财务管理制度比较健全与产权体系个人化等缘由，发达国家最为注重的一个要素便是金融市场的效率。而我国国内在此领域的文献资料也不少，分析方法以及成果都较为多元化，然而却没有形成较系统的结论。经过整理当前的各种文献资料，对文献分析现状详细评价如下：

（1）资本主义国家对资本市场效率的分析给我们探讨国内企业的筹资效率指标提供了一定的参考与相关理论价值。虽说此类国家尤其注重金融市场效率，但是给处理我国中小企业筹资难的问题提供的借鉴意义比较少，然而海外专业人士对与筹资相关的各种理论分析已有了较大的成绩，此类理论成果对健全我国公司管理结构、科学选取筹资途径、完善公司股权筹资比率、科学把握筹资风险、设立筹资方案等均拥有极其关键的参考价值与理论价值。

（2）国内对于公司融资效率方面有目的性、体系化的分析不多。国内专业人士基本上都注重公司筹资难的缘由研究与有关方案意见研究，对公司融资效率在当前的分析亦包括许多评估办法，还涵盖了对主板市场、新三板市场等各大金融市场的公司融资效率加以分析；由于分析的角度与途径较为多元化，因此获得了较多的成绩，然而对此领域的有目的性的、体系化的分析却不多。

（3）对于新三板中小企业融资效率方面的资料其实不多。比如说对新三板市场中的公司是否合理使用筹资获得的资本，是否合理地把资金运用至技术开发与运营管理中以便获得最大效果等，关于此方面的分析不多。就新三板筹资效率的分析重点聚焦于对其加以评估，而最终得到的结论却是众多公司的筹资效率均不够高，企业筹资效率有改进的空间。还有一部分关注点在新三板企业自身行为（上市新三板、在新三板上筹资）对公司筹资效率的影响，了解到公司在开展各种筹资活动后效率反而下降。也有学者研究是哪些原因使得新三板融资效率不高，得到的结论为总资产、偿债、营运和盈利能力以及企业资本构成等。

因此，本书考虑到挂牌企业的非均质性后，以分层制度为契机，以此了解新三板市场融资效率的整体情况，并量化融资效率和影响要素间的相互关系。在定性研究新三板上市公司当前的融资情况、困境与此类公司融资效率的影响要素等前提下，应用数据包络分析法等方法，定量研究了创新层上市公司筹资效率与所有影响要素对筹资效率的影响水平，且在此基础上有目的性地给出了方案意见，给我国中小企业的筹资提供了完善的方向，也给更多存在融资难问题的中小企业提供了一定的借鉴。

1.3 研究内容、框架及方法

1.3.1 研究内容

考虑到国外与国内分析的大环境与我国新三板中小企业的筹资状况，本书整理出影响我国中小企业融资效率的各种要素，且在此前提下设立了本书的筹资效率评估指标系统；首先使用 DEA 的 BC^2 模型分别计算创新层样本企业在分层制度实施前后企业融资效率的结果，然后通过 Wilcoxon 符号秩检验方法检验是否在分层制度实施以后，相比于分层制度实施以前，创新层企业融资效率变得更高，最后通过 Tobit 模型对融资效率的影响因素进行了分析，考虑到真实财务信息的可得性，合理地筛选本书分析的样本公司；通过 DEA 以及多元回归法，对我国中小企业的融资效率加以评价和整合检测。主要研究内容涵盖如下：

第一部分为新三板融资现状与存在问题分析。从挂牌上市规模、行业分配、地理位置分配等领域研究眼下我国新三板中小企业的融资情况与需要面临的问题。

第二部分是对于新三板上市公司在融资效率方面阐述了 DEA 模型原理、Tobit 模型原理及其对应的模型指标选择，继而进行了基础层、创新层企业的融资效率分析以及基础层和创新层融资效率的差异分析，最后对影响新三板上市公司融资效率的各种要素展开实证分析。

第三部分为新三板挂牌企业融资效率分行业分析。首先基于行业分类标准，分析了信息技术型企业以及工业型企业的行业概况，进而使用 DEA 的 BCC 和 CCR 模型对整体企业、融资效率进行分行业静态和动态分析比较，得出相关结论。

第四部分为分层制度对新三板创新层企业融资效率产生影响的具体案例检测。本书选择使用 $DEA-BC^2$ 模型来测算分层制度实施前后中小企业的融资效率，然后对比分析融资效率的变化情况，接着运用 Wilcoxon 符号秩检验方法来检验分层前后融资效率的统计显著性，最后用 Tobit 模型分析融资效率影响因素的作用程度。

第五部分为分层制度影响新三板创新层企业融资效率的实证检验。主要进行了分层前后创新层企业融资效率的测算及分析以及分层前后企业融资效率的比较检验。

第六部分为新三板创新层企业融资效率的实证研究。首先分析了新三板创新层企业的融资现状及存在的问题，继而依据三阶段 DEA 模型构建融资效率评价体系展开了融资效率测算结果分析，最后进行了创新层与基础层融资效率对比分析，重点是融资效率分解项对比分析。

最后，基于上述实证研究结论，从政府角度、公司角度与市场角度总结了促进我国中小企业筹资效率提升的政策建议。

1.3.2 技术路线

本书的研究技术路线如图 1-1 所示。

本书拟解决的关键问题在于：

（1）样本企业数据的收集与整理、评价指标体系的构建、实证模型的选择，及如何对实证结果进行有效性评价和统计性检验是本书实证分析的重点。在进行实证分析时，方法上选取 DEA 模型，指标上选取三个投入指标和四个产出指标，结果上从基础层企业的融资效率、创新层企业的融资效率以及两个层次市场上企业融资效率的差异三个方面进行总结分析。在实证研究融资效率的影响因素时，重点从微观层面选取五个影响新三板企业融资效率的因素，先提出研究假设，之后借用 Tobit 模型验证融资效率与影响因素之间的关系，最后对实证结果进行分析和稳定性检验。

（2）如何选择使用规模报酬可变的数据包络模型来测算分层制度实施前后中小企业的融资效率，然后对比分析融资效率的变化情况，最后用 Tobit 模型分析融资效率影响因素的作用程度。首先使用 DEA 的 BC^2 模型分别计算创新层样本企业在分层制度实施前后企业融资效率的结果，然后通过 Wilcoxon 符号秩检验方法检验是否在分层制度实施以后，相比于分层制度实施以前，创新层企业融资效率变得更高，最后通过 Tobit 模型对筹资效率的影响要素加以研究。

（3）如何考虑到我国新三板中小公司当前的筹资状况与出现的各种问题的同时，将本书的实证研究与整合检测加以结合并获得相关结论，给出合理、科学的措施意见来改进我国中小企业眼下的筹资效率亦为本书研究的关键所在。

因为在新三板挂牌的中小企业规模庞大，所以如何确保所选的样本公司拥有充分的典型性，以及保障在全方位研究中小企业筹资效率影响要素的前提

相关概念及理论基础概述

我国当前中小企业新三板融资现状与问题

模型简介

指标选取

新三板企业融资效率的评估与影响要素

融资效率测度

影响因素分析

静态分析

动态分析

新三板挂牌企业融资效率分行业分析

信息技术型

工业型

分层制度影响新三板创新层企业融资效率的实证

DEA-BCC

Wilcoxon 符号秩检验

Tobit 模型

基于三阶段DEA模型的创新层融资效率实证

融资效率对比

融资效率分解项对比

提高我国中小企业融资效率的政策建议

政府层面

企业层面

市场层面

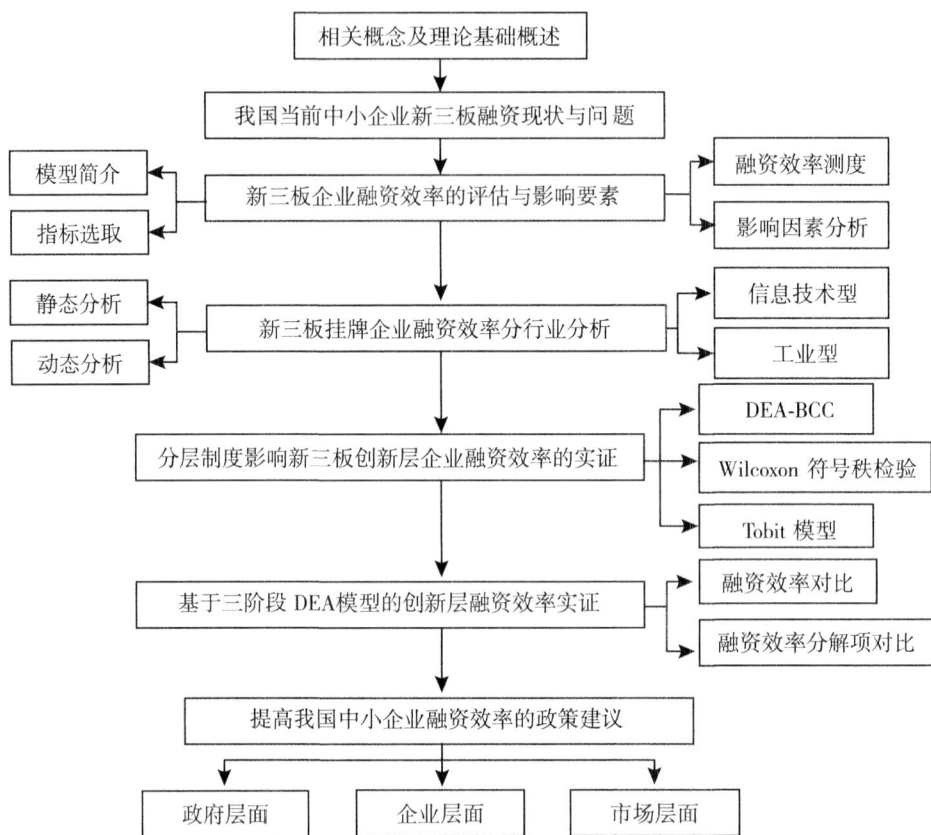

图 1-1 本书的研究技术路线

下,所构建的投入——产出指标体系是否科学为本书分析的瓶颈所在。

1.3.3 研究方法

本书主要运用了如下研究方法:

(1)定性与定量相结合研究方法。

本书首先对我国新三板上市公司融资效率的影响要素开展定性分析,接下来给出了相关假设、建立模式,以多元回归分析法对影响要素和新三板上市公司融资效率间的关联以及具体影响定量地进行统计检验。

(2)规范分析与实证分析相结合研究方法。

本书对我国眼下中小企业的筹资情况及其有关问题的研究,对融资效率的影响要素进行研究等领域都使用了规范研究法，在以数据包络分析法等方法对融资效率加以评价与统计检验时是使用实证研究法。

（3）经济统计研究方法。

本书涉及的原始数据与资料来源于东方财富 choice 金融数据库①、wind 数据库、全国中小企业股份转让系统各年度市场快报、各样本企业的年度报告、全国中小企业股份转让系统官网、中国证券监督与管理委员会官网、中国发展与改革委员会官网、中国工业和信息化部官网等。本书涉及的处理后数据和资料来源于 MaxDea 软件、Frontier4.1 软件、SPSS22.0 软件运行结果，以及笔者自行整理所得。

（4）对比分析研究方法 。

该方法重点使用在对影响筹资效率的各种要素以及实证研究效果的评估方面。其中涵盖了本书在对筹资效率的实证研究效果加以评估时对各个行业，各个时期与挂牌前后公司的融资效率加以对比研究；又比如，在分层制度实施以后，相比于分层制度实施以前，创新层企业融资效率的变化的对比分析；又比如将基础层和创新层的融资效率的差异进行对比分析，以及分解项对比分析等。

---

① 由于东方财富 choice 金融数据库对新三板市场各项数据统计较为全面，本书涉及原始数据多来源于该数据库。

第2章 基本概念界定与相关理论分析

2.1 融资效率及融资效率评价方法

2.1.1 融资效率的概念界定

Pareto 最早提出"效率"这个概念，指出效率是衡量资源是否得到有效配置的标准，如果一个经济体还存在帕累托改进，说明它还没有达到经济的最优配置，即没有达到帕累托最优。一般认为效率的含义应该包括三个层面的意思：一是微观层面的投入产出效率，二是全社会资源得到合理利用的配置效率，三是微观效率向宏观转变的制度效率。企业的融资效率应该从企业主体的微观角度进行分析，企业在确认融资需求后根据自身实际情况选取合适的融资方式进行资金筹集，并将筹集到的资金合理有效利用，这就是企业的融资效率问题。

宋文兵（1997）正式从交易效率和配置效率两方面来定义企业的融资效率；卢福财（2001）认为资本有效配置的能力就是融资效率；肖劲和马亚军（2004）重新完善了企业融资效率的概念，在他们看来，公司融资效率涵盖了以较低费用融资的交易效率和合理利用的配置效率；学者高学哲（2004）、聂新兰和黄莲琴（2007）也都纷纷认同这一观点，认为公司的融资效率必须涵盖可否以尽量少的费用获得更多必要的资金和能否有效利用所拥有的资金这两方面。综合已有研究，一是以筹资效率定义融资效率，二是以配置效率定义融资效率，三是以成本、收益的关系定义融资效率。学术界对企业的融资效率没有统一的定义，但多数研究均认同从微观层面进行概念界定。

本书也从微观层面对企业融资效率进行了定义，认为企业融资效率包含企业是否以低成本筹集资金和高效率使用资金这两方面，具体体现在资金融入的交易效率、资金使用的配置效率。企业的融资效率就是企业交易效率与配置效率相辅相成的结果。企业的交易效率和配置效率需要协调发展，否则融资效率很难达到最佳水平。

2.1.2 融资效率的评价方法

对于融资效率评价方法主要有数据包络分析（Data Envelopment Analysis，DEA）、模糊综合评价法、熵值法等，简述如下：

模糊综合评价法是一种已经成熟的基于模糊数学的评价方法，该方法认为效率和评价效率的指标都具有不确定性。此方法会利用模糊数学的方法来针对某一个特定的对象设置一个评价指标体系，然后考察影响效率的不同指标对评价对象的隶属程度来最终判定不同的评价指标对于整体效率影响大小的排序。该方法的主要优点是数学模型的构建和计算相对较简单，且能够把比较模糊的评价对象经过数字化处理，可以做出精确的量化的评价。但是主要的缺点是指标的权重赋值具有比较强的主观性，可能会造成最后的评价结果误差比较大。

熵值法是在需要判断多种指标情况下，判断某个指标变异程度的数学方法。它是根据指标的变化对整体变化的影响程度来确定各个指标的权重。是一种客观赋权的方法，由熵值法测算得出的权重值具有较高的可信度，如果权重大说明该指标变异程度越大，那么相应指标的重要程度就越高。该方法的主要优点是具有客观性。但是有时会在指标的选择上出现偏差使得结果和预期相差较远。

DEA 模型（Data Envelopment Analysis，DEA）由 A. Charnes、W. W. Cooper 等人于 1978 年起开始创建的，是位于数学、运筹学、管理科学和计算机科学的交叉领域主要使用数学规划模型（包括线性规划，多目标规划、具有锥结构的广义最优化等）评估拥有众多输入、输出的决定单元（Decision Making Unit，DMU）间的相对有效性（也被叫作 DEA 有效）。判断 DEA 有效的方法是利用规划模型判断该 DMU 是够位于生产可能集的"生产边界"上。生产边界是由投入最小同时产出最大为目标的帕累托最优解构成的面，是生产函数向多产出的一种推广。

2.2 影响新三板企业融资效率的要素分析

影响企业融资效率的要素贯穿企业融资活动的整个过程，企业的融资活动包含资金筹集和资金配置两个过程，而企业的融资活动也时刻受到融资环境的影响。这种分析模式同样也适应新三板企业，所以本节将从资金筹集的交易效率、资金利用的配置效率、融资环境三个方面要素来梳理新三板公司筹资效率的影响要素。

2.2.1　影响交易效率的要素

筹资的交易效率能够反映企业筹资后的效率，其定义为公司在以各种方式获得资金的过程中以最少的开支来满足企业发展的资金需求，是企业与资本市场双向互动的一个过程，是企业融资结构的动态平衡过程。新三板企业在进行资金筹集时，需要考虑融资成本、融资结构、资金使用自由度、筹资给企业带来的偿还压力等。

（1）融资成本。

筹措资金的融资费用和使用资金的资金成本共同构成了企业的融资成本。企业无论是股票融资还是债券融资，都会在融资过程中发生一些费用，如材料费、中介费等，这些就形成了筹资的融资费用；而资金成本就是企业在使用资金阶段所股息红利、债务利息等。从实质来讲，融资成本就是资金使用方支付给资金所有方的物资报酬，企业进行融资时，一般会优先考虑融资成本，高成本的融资会给企业带来财务负担，一般会降低企业的融资效率。

新三板企业要尤其注重融资成本，因为企业的资产规模较小，盈利能力有限，较高的融资成本可能会对新三板企业构成较大的财务负担，会降低企业实际可以使用的筹集资金，降低企业的融资效率。

（2）融资结构。

企业可选择的融资渠道具有多样性，有直接和间接两种融资渠道。直接融资渠道包括债券融资和股权融资，间接融资渠道有内源融资、银行贷款和其他授信抵押类借款等。以上这些融资渠道因为自身的属性不同而面临不同的融资成本、资金使用限制等。优序融资理论认为，内源融资的资金主要来源于自身盈余，可实现零成本使用的效果，但是较为依赖于的经营状况，而债务融资与企业的财务风险正相关，所以企业要权衡好自身的融资结构。

对于多数的新三板企业来讲，企业处于成长期，盈利能力有限使得企业内源融资不足，而股权融资渠道较窄，所以企业较多地依赖负债进行融资。事实也表明，新三板企业的资产负债率已经处于高水平，而企业的负债偿还能力有待加强，继续进行负债融资很可能会触发新三板企业的财务风险。

（3）资金使用自由度。

资金使用自由度衡量的是企业对所筹集资金使用的自由程度，自由度越大意味着资金使用的限制较少，企业的融资效率会因此提高，两者之间是正相关关系，企业在进行融资活动时应当考虑这部分因素。内源融资的资金是企业自身的盈余资金，这部分资金的使用自由度最高；而股票融资的应用状况会受股民的约束，债权融资的应用状况便会受到债权人的限制，具体而言，债权人在借款协议中明确规定了专款专用，并附有违约处罚条款，还有还本付息的偿还期限限制，所以债权融资的使用压力是最大的。

（4）偿还压力。

偿还压力是指企业在偿还所筹集资金时的压力，主要指企业是否需要本息兑付。如果企业的偿还压力较小，对应的融资效率越高。一般认为，股权融资不涉及股本金的偿还，只需企业进行股利分红等，所以不会有偿还本金的压力；而债权人一般会通过债权协议等明确还本付息期限，所以刚性兑付会给企业带来较大的压力。

就新三板企业来说，企业资质决定了自身的偿债能力，但多数企业又比较依赖债务融资渠道，所以新三板市场上的企业会比其他上市企业面临更大的偿还压力。

2.2.2 影响配置效率的要素

从企业的角度出发，配置效率体现在企业是否筹集到足够的资金，并且所筹资金是否运用到能够获取最佳效益的项目上去，企业的经营情况很好地反映了企业的配置效率，融资的配置效率包括资金的到位率和使用率。新三板企业要尤其注重筹融资的配置效率，因为新三板企业的融资渠道有限，资金筹集能力不强，但是企业又处于成长期，对资金的需求较多，所以企业更应该提高资金的到位率和资金的使用效率。

（1）资金到位率。

企业实际筹集到的资金和计划筹资金额之间的比形成了资金的到位率，资金到位率越高说明企业实际融资越多，从源头上提高企业的融资效率。比如，内部融资的资金筹集率最佳，原因在于唯有公司有利润盈余，通过内部高层的一致同意，企业才可以自由使用该部分资金，但是新三板企业普遍存在内源融资不足的现象，能够自由使用的资金较少，更多的还是依赖外源融资渠道；而股权、债权融资不仅需要经过漫长的申报审核期，而且融资额度受多方面因素影响，融资效率相对降低。

（2）资金使用率。

资金使用率是指企业融资后对资金合理使用的能力，与融资效率成正相关，融资效率高的企业都有一个高效的资金使用率，意味着企业的资金运用能力较强。一般企业在进行融资活动之前，就应该对融资的去向有一个清晰的定位，比如补充流动资金缺口、用于某个项目的建设、偿还相关银行负债等，确定之后企业是不能任意更改募集资金用途的，企业获得的融资是需要运用到能够产生经济效率的地方去，高效的资金使用效率有助于提升企业的综合实力。

新三板企业应该将筹集的资金运用到自身的主营业务中，提高业务产出能力，并试图探索创新业务；在资金使用前，企业可通过做好可行性研究、制定详细的资金使用计划等途径来避免资金的不合理利用或闲置，强化公司资金的经营管理能力，如此便能够增加公司的盈利能力，促进内源融资。如此良性循环，企业的融资效率将得到提升。

2.2.3 影响融资效率的环境要素

公司的融资事宜无法与融资环境加以分割，公司的融资环境涵盖了宏观方面的经济和制度环境，也包括微观上的企业情况等。

和企业的生命周期一样，经济运行状况也有其本身的周期性，经济繁荣和经济萧条的交替更迭、循环往复就形成了国家的经济运行周期，例如经济繁荣之时，企业不仅可以获取低成本融资，而且也有丰富的融资渠道进行融资。

此外，一个国家或地区的方针政策、法律法规等也可能会影响企业的融资方式、融资成本、融资额度、融资门槛等，时刻影响着企业的经营行为。对于新三板企业来讲，股转系统不断地完善新三板市场的制度建设，这是有利于提高企业融资效率的。股转系统于 2014 年 6 月试行做市商制度，希望通过做市商制度促进市场成交的有效竞争；股转系统于 2016 年 6 月推出分层制度，试图在不同层级市场中开展差异化的制度建设，希望以此改善新三板市场的流动性；2017 年 12 月，股转系统针对前期制度试行时期的问题，给出了复合制度革新举措，对分层管控、交易机制、财务报告公布三大领域加以弥补与改进，试图以健全的制度体系来促进新三板市场又好又快地发展。以上制度的提出，都为企业在新三板市场开展融资活动提供了有利的融资环境。

最后，企业所处的成长状态也会对其融资效率产生很大的影响。成长状态涵盖了企业的成长阶段、发展状态等，一般认为成熟期企业的资产规模、公司治理、盈利能力等都要好于成长初期的企业，融资情况也要更好。我国新三板企业大部分都处于成长的初级阶段，企业规模不大，公众化水平较低，公司治理还有待改善，企业的盈利能力稍弱但成长性较强等，此类要素均对公司的融资能力、融资途径、融资效率产生极大的影响。

2.3　融资效率的基础理论

2.3.1　效率评价理论

在经济学中效率是一个经常被论述的名词。1896 年，经济学中的帕累托效率概念被提出来，其内涵是如果在整个社会中此时不能够通过改变资源的配置，使得在不减少其他人的效用的同时增加某些其他人的效用，那么此时的资源配置状态就是帕累托最优状态。帕累托最优强调的是此时的状态是否是最有效率的状态，它只能起到一个参照的作用，不能测算效率的具体大小。

法雷尔于 1957 年最先提出前沿生产函数，首次为资源要素利用效率的测度提供了一个方法。前沿生产函数测算效率的过程是首先确定测算所需要的数据指标是什么以及它们具体的数值，根据这些数值利用线性规划计算出一个外部边界，边界内的投入能够得到给定的产出，而边界外的投入在计算生产前沿面时的技术水平下不能得到给定产出，每一个观测值与边界的距离即为该点的效率。

X_1、X_2 为生产产品所需投入的资源，并假定规模报酬不变，所有企业的生产函数为 $Y=f''(X_1,X_2)$，某一家企业 a 投入不同比例的资源 (x_1,x_2)，按照自身生产函数 $y=f''(X_1,X_2)$ 来生产产品 y。现规定需要生产出 y' 的产品，将所有的企业计算出来的不同的投入组合 $(x_1,x_2)''$ 体现在坐标轴上，构成了生产前沿面 UU'，即企业在目前已有的技术条件下，UU' 右上方的资源组合才能生产出 y'。

于是，单个企业的技术效率用 OB/OC 表示，即企业最佳的投入是 OB，但是该企业却使用了 OC 的资源的实际投入。也就是说在规模报酬不变的假设下，技术效率就是企业生产出给定产品下可以使用的最小成本和本身实际使用的成本的比率。图 2-1 中 PP' 线表示投入价格的比例，即在 PP' 上的投入组合成本相同，故 D 点是生产出 y' 产出的最小成本点，企业可以通过配置资源的使用比例来将成本由 B 点转移到 D 点，D 点的成本与 A 点相同，因此定义企业的配置效率为 OA/OB，表示企业可以通过配置资源的比例来减少投入的效果。

2.3.2　资本市场分层制度理论

（1）信息不对称理论。

三位美国经济学家斯蒂格利茨、阿克洛夫、彭斯在传统经济理论的基础上

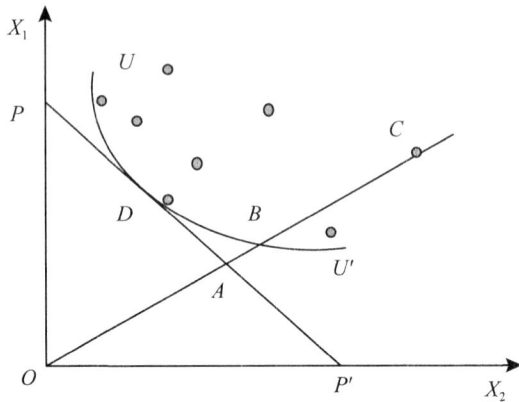

图 2-1　效率测算与生产前沿估计图

共同给出信息不对称理论。该理论的主要观点是不同的市场经济主体收集信息的能力不同，有更大能力获取信息的经济主体对市场会有更加清楚的认识，他们不会对市场波动显得茫然，而没有能力得到充分数据的经济主体便位于与此相反的形态。一方面形势良好的参与者会利用别人不知道或没有及时知道的信息来获利，另一方面可以通过售卖信息获利，例如现在的许多互联网信息公司通过售卖其收集到的信息来获利。在资本市场中，信息不对称程度会影响交易成本，其受信息披露要求的影响。分层制度会使得新三板分成多个层次，不同的层次会有不同的信息不对称程度，进而影响资本市场的运行效率。

（2）投资者异质性理论。

该理论认为投资者的类型是多种多样的，大部分投资者并不是金融传统理论中假设的理性投资者，其投资决策的评判标准并不一致，因此要求资本市场也分类为不同的层次，分别满足不同类型的投资者。

因为性别、年龄、财产状况、教育程度以及从事行业等原因，投资者会存在显著的异质性，不同投资者在投资金融产品时会有不同的投资动机，同时对投资的行业和标的等有不同的偏好，因此这些投资者的抵抗风险的能力、愿意投资的时期、投资的对象要求等不一样，而且不同的投资者的性格特点也不一样，这同样会影响投资者的决策。

因此需要建立各种层次的资本市场，目的在于让风险偏好不一致的投资人士能够挑选出与自己相符的市场层次，使得我国资本市场的各个层次均能稳定发展。

2.4 分层制度影响创新层企业融资效率的路径

我们可以进一步将分层制度和企业的融资效率联系起来，得到分层制度影响融资效率的路径。

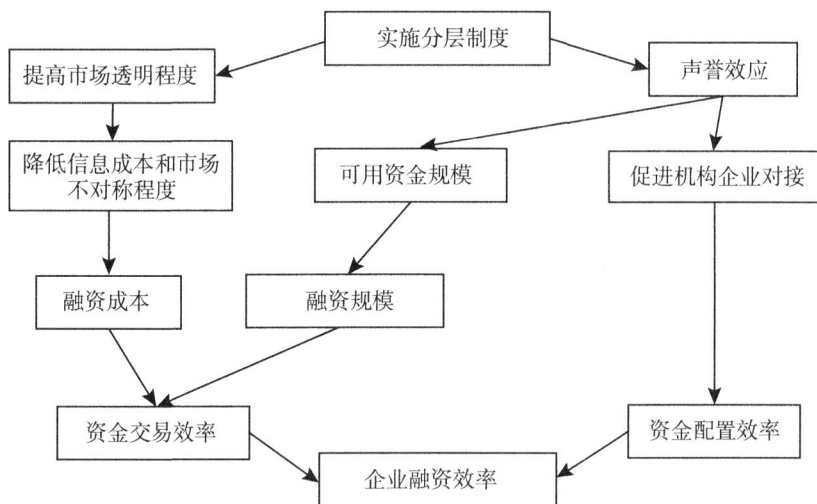

图 2-2 分层制度影响融资效率的路径

第一，实施分层制度提高市场透明程度，减少投资者收集信息的成本，降低信息不对称程度，缓解企业委托代理问题。这会降低企业的融资成本，提高企业的融资效率。

分层制度所要求的不同的进入和维持标准以及信息披露水平会导致不同层次的市场产生信息的数量和及时程度不同。创新层更加严格地披露要求和进入标准，让投资人士得到更为客观、科学、准确的数据资料，进而增加市场的公开性，帮助投资者更加准确的评估在市场上交易的各类资产的价值。创新层的维持标准和披露要求有助于监督创新层公司，提高信息的准确性，使得在评估这些公司时，外部人员获得的信息更加及时和准确。因此，新三板分层制度中会提高市场的透明程度。

机构投资者投资企业之前会对企业进行详细研究，了解企业发展现状、股权结构、营业收入结构等。在未分层前，新三板企业的企业信息及年报等的披露要求不高，导致很多重要信息投资者收集不到。而且，特别是由于信息具有

29

时效性，通过第三方或者自己寻找的信息有可能不及时，导致运用已过时的信息进行投资决策，最后使得投资失败。分层制度实施以后，创新层企业会做到更加有效的数据资料公开，而金融组织投资人士取得财务数据的成本将会减少，另外得到的数据资料在时间上更加有效，这些信息对投资者的最终决策有很好的帮助。

机构投资者获取信息的成本降低，也就是对企业进行投资的前期投入减少，在和企业议价时会接受更低的价格，进而降低企业股权融资的成本。更重要的是分层制度的信息披露要求降低了信息不对称程度，保证企业披露的信息准确，缓解了委托代理问题，机构投资者所面临的风险相应降低，于是机构投资者的预期收益率会下降，企业股份资金的必要收益率降低，于是企业的融资效率在交易效率升高的带动下提升。

散户相对机构投资者更加依赖于被投资企业本身所披露的信息，因为他们没有精力也没有渠道去像机构投资者一样收集企业的各种信息。当创新层实施更加严格的披露制度后，散户收集信息的成本降低，能够更加准确地分析企业价值，散户投资的信心和积极性会上升。

银行等金融中介机构不愿意给中小企业资金的重要原因是中小企业的没有足够的能力承担经营不足的风险，同时又很少有足够的资产担保，虽然分层制度提高市场透明程度，但是企业的资产规模仍然偏小，相比于分层前企业信用依然不高，因此信息成本的降低等优势对债务融资的影响较小。

第二，分层制度实施后所带来的声誉效应能够增加可利用资金规模，进而使企业面临的资金的来源增多，于是企业获得的资金也更多，同时还能减少资金获得的代价，最终企业的融资效率在交易效率升高的带动下提升。

分层制度提高了新三板上市标准，减少了企业的总量，提升了企业的质量，提升了新三板创新层的声誉。分层制度将新三板中处于快速成长期的企业聚集到一起，这部分企业大多已经发展了一段时间，具有一定盈利能力或者发展潜力，是私募股权融资以及价值投资者所关注的类型，这会使得更多的经济主体关心新三板里创新层的公司，使创新层公司可以接触到的资本数量变大，然后使得创新层企业融资的难度下降，这种声誉效应还会吸引了不少优质企业直接上市新三板创新层，获得新三板创新层的制度红利，这样新三板创新层会进入良性发展的循环。相较于分层前，更多的资本将会供给与处于创新层的这些企业，即这些公司的资本供给增多，企业的融资量会增加，融资价格会（融资成本）降低，这样一来企业资金交易效率上升，带动企业融资效率上升。

值得注意的是，一般来说声誉效应是一个短期效应，在分层制度实施开始后的一段时间里声誉效应达到最高，当分层制度实施的效果很好，给创新层企业的发展带来益处，那么能够吸引许多暂时不能上市创业板或者中小板的有成长性的优质企业，整体提高新三板创新层的企业质量，这样一来新三板市场声誉会进一步升高，进一步带来更多的投资，变得更富有流动性，让新三板的整体发展可以形成一种良好的发展态势。

第三，分层制度实施后吸引的机构投资者能够帮助企业完善公司组织结构，提高内部管理效率，进而提升资金的配置效率来提升企业融资效率。

创新层中的中小企业设立时间不长，企业规模较小，还没有形成完善的现代企业架构，内部治理也不够规范，这对其在后续的成长将产生不良影响，同时由于公司规模日益发展壮大，企业需要更好的内部管理制度和企业运营方式，否则有可能因为规模的扩大而导致内部管理结构变得混乱，降低企业的成长性。

分层制度把优质企业给挑了出来，引起了各类投资者的关心，同时分层制度吸引的散户使得创新层流动性变好，使机构投资者能够更加有效地进行投资，因此在创新层企业更容易获得机构投资者的关注。分层制度吸引的机构投资者能够帮助中小企业完善公司治理结构，加强内部管理能力，梳理企业架构，制定更有效的责任分配等制度，使企业能够能更加有效地实现它所制定的经营目标，这相当于提高企业资金的配置效率，进而提高企业融资效率；同时企业还能整合利用机构投资者的各种可靠资源，提升公司资金的使用效率，两者一起提高企业的融资效率。

第3章　我国中小企业新三板融资现状与问题分析

3.1　新三板的历史沿革及制度设计

"新三板"即全国中小企业股份转让系统，是经国务院批准设立的第三家全国性证券交易所，主要是为创新型、创业型、成长型的中小微企业提供股份流动、直接融资和并购重组服务。

3.1.1　历史沿革

新三板成立的目的是为了缓解我国中小企业"融资难、融资贵"的现状，新三板市场的挂牌条件比沪深上市条件低很多，不满足沪深上市标准的企业可以选择在新三板市场上进行股份转让，是大部分中小企业获得股权融资的重要渠道。

（1）初步创立阶段。

新三板的前身是"老三板"，全称是"股权代办转让系统"，这个系统创立的时间是2001年，目的是为从主板市场剔除的公司提供一个股权交易的渠道，同时承担了之前STAQ（全国证券交易自动报价系统）和NET（中国证券交易系统）的交易功能。

但是为了使更多科技型中小企业的融资需求得到满足，政府在2006年1月推出代办股份转让试点，试点地点在中关村。此时的新三板还仅仅为中关村的企业进行服务，其交易属性是区域性的。

《非上市公众公司监督管理办法》的发布是新三板市场发展的重要节点，它是由国务院在2012年8月3日正式提出。其指出"总体规划，分步推进，稳妥实施"是新三板发展的重要指导精神。新三板除了原来的中关村科技园，还新增了上海张江高新产业开发区、东湖新技术产业开发区和天津滨海高新区，同时非上市公众公司被纳入证监会统一监管。根据规划，我国中小企业股

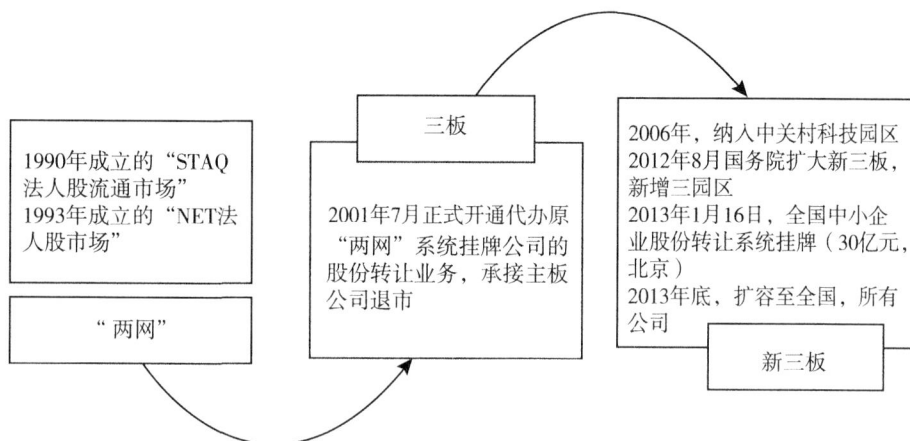

图 3-1　新三板市场发展过程中的重要节点

份转让体系将在 2013 年建立,并正式开始应用。

（2）高速发展阶段。

2013 年 12 月,国务院推出了《我国中小企业股份转让体系相关问题的抉择》,决定把试点工作拓宽到全国范围内,在当年年底,该体系便正式接收来自全国范围内的公司提出的挂牌申请,成为全国性的证券交易场所,此后几年,新三板挂牌企业数量开始迅速增长,① 成为了挂牌企业家数最多的市场,这对于完善我国多层次资本市场具有重要意义。

（3）改革创新阶段。

为了进一步发展新三板,利用新三本满足中小企业股权融资及其他发展的需要,国务院及证监会对新三板的制度进行了一系列的改革创新。

2014 年 6 月,国务院出台了《做市商做市业务管理规定》,在新三板推出了做市商制度,此次改革推动了我国场外市场的进一步发展。后来,为了让中小企业可以更好地利用新三板进行筹资,证监会在 2014 年 12 月提出鼓励金融机构做市,鼓励金融类公司加入新三板市场来筹集资金。如此,在该市场中,各大公司的流动性便会大大提升,并且投资者进入退出渠道也会增加。《全国股转系统挂牌公司分层方案（征求意见稿）》则是新三板创新阶段的重要标志,该意见稿于 2015 年 11 月 24 日发布,提出了市场分层的计划,即分成基

---

① 2014 年挂牌 1158 家,2015 年挂牌 3297 家,引用白万得数据。

础层和创新层，分层制度已于 2016 年 6 月实施。

　　从挂牌总量的角度，新三板市场的规模自 2014 年扩容后迅猛发展，从挂牌企业增量来看，2014 年至 2016 年新三板挂牌企业数量逐年增加，但是 2017 年挂牌企业的数量有所减少，增长数量开始放缓。根据《全国中小企业转让系统统计快报》提供的数据，已挂牌成功的公司数量在 2017 年底达到 11630 家，其中做市转让家数 1345，协议转让家数 10285，较 2016 年度大致持平。2013 年至 2017 年度挂牌企业数量如表 3-1 所示。

表 3-1　　　　　　　　　　　　　　挂牌企业数量

交易日期	挂牌家数			新增挂牌家数（频率：年）		
	合计	做市转让	协议转让	合计	做市转让	协议转让
2017 年	11630	1345	10285	2141	2	2139
2016 年	10163	1654	8509	4976	18	4958
2015 年	5129	1115	4014	3218	55	3163
2014 年	1572	122	1450	1146		1146

　　资料来源：全国中小企业股份转让系统，2018 年。

　　在新三板挂牌企业家数迅猛增加的同时，摘牌企业的数量在 2017 年也突然增加，绝大多数是上市主板市场，也有少数上市前海股权交易中心。2015 年新三板摘牌企业 3 家，2016 年新三板摘牌企业 1 家，均于深圳证券交易所上市，然而 2017 年新三板有 33 家企业摘牌，这 33 家中转板 31 家，退市 2 家。

　　从股本数量和市值大小角度来看，新三板的规模持续变大，由于挂牌企业数量飞速增加，新三板市场总股本也跟着快速上升，而新三板总市值也在稳步增加，如表 3-2 所示。

表 3-2　　　　　　　　　　　　　　挂牌企业规模

交易日期	总股本（亿股）			流通股本（亿股）			市值（亿元）
	合计	做市转让	协议转让	合计	做市转让	协议转让	总计
2017 年	6757.18	1393.89	5363.28	3430.53	905.32	2525.21	49404.56
2016 年	5852.00	1550.41	4301.58	2396.00	856.30	1539.70	40558.11

交易日期	总股本（亿股）			流通股本（亿股）			市值（亿元）
	合计	做市转让	协议转让	合计	做市转让	协议转让	总计
2015 年	2959.96	825.16	2134.80	1023.44	399.37	624.07	24584.42
2014 年	658.43	61.83	596.59	241.21	27.81	213.40	4591.42

资料来源：全国中小企业股份转让系统，2018 年。

从市值角度看，2014 年开始扩容后，市值开始爆发性增长，2015 年较 2014 年增加 4 倍，2016 年也较 2015 年增长快一倍，但是到了 2017 年后全年市值增长速度开始放缓，但是市值增加绝对数量仍然很大，增长了快一万亿元。

从行业划分角度而言，制造业、数据传达、批发业、科学研究和技术服务业等 18 个行业中都有在新三板上市的公司，而其中制造业与数据传达、网络科技服务业的占比最高，分别占比达 49.91% 和 19.64%，其余 16 个行业总共占比 30.45%①。这种占比情况与新三板定位相符，是创新性和具有高成长性的中小企业上市的关键行业。详细行业状况请参考表 3-3：

表 3-3　　　　　　　　　　　　**行业分布状况表**

行业划分	2017 年年末	
	企业数量	权重
制造业	5804	49.91%
信息传输、软件与信息科技服务业	2284	19.64%
租赁与商业服务业	607	5.22%
批发与零售业	531	4.57%
科研与技术服务业	509	4.38%
其他	1895	16.29%
合计	11630	100.00%

资料来源：全国中小企业股份转让系统，2018 年。

---

① 摘自《2017 年新三板发展统计报告》。

3.1.2　制度设计

（1）交易机制。

新三板的交易机制包含协议转让、做市转让和竞价转让三种。

新三板上的企业最初仅可以通过协议方式进行股权转让。为了促进市场的成交量，股转系统于 2014 年 8 月开始实行做市商机制，上市公司能够以合同转让与做市转让两者中的一种转让方式进行股权转让，投资者既可以选择和做市商进行交易也可以直接和投资者进行交易。相比协议转让制度，做市商制度以做市商为居间者，为投资者提供双边报价，促进了市场的竞价交易。

新三板上的做市商制度是我国在借鉴其他国家比较成熟的市场经验下①，为促进市场成交而试行的交易制度。相比国外成熟的做市商制度来讲，新三板做市商制度在做市商标准、成交方式、做市期限等方面都有一些差异化的安排，如做市商的买卖价差等。总之，新三板的做市商制度是为活跃新三板市场成交量而试行的具有中国特色的交易制度。

为了进一步完善新三板的制度建设，股转系统于 2017 年 12 月 22 日推出新三板综合制度改革，其中有一项就是关于交易制度的改革，竞价交易制度被正式纳入新三板企业的交易方式体系内。创新层中的企业在每个交易日中都有五个集合竞价转让的时段，但是基础层中的企业仅在每个交易日的 15 点才可以进行集合竞价撮合。新制度将于 2018 年 1 月 15 日全新上线。交易制度的全新改革将会给新三板市场的流通性带来新的活力。

（2）分层制度。

新三板市场日益发展壮大，公司规模、筹资总量、成交额等领域也在持续发展，但仍存在流动性不足、制度配套不健全、挂牌企业混杂、信息披露水平低等问题，不仅给市场监管带来了压力，也增加了投资者的信息搜集成本，从而降低了投资者的投资积极性，所以市场有必要适时推出分层制度以便对企业进行差异化管理（谈叙、欧阳红兵，2017）。

新三板的分层制度是国内有关部门借鉴境外证券市场、实现市场内部差异化管理而推出的创新制度。2016 年 5 月，股转系统首次提出试行分层管理办法,② 新三板市场被正式划分为基础层与创新层。为了让各个领域的企业有条

---

① 如美国的纳斯达克市场、我国台湾地区的兴柜市场等。

② 2016 年 5 月，股转系统正式推出分层管理试行办法，http://www.neeq.com.cn/notice/2969.html。

件可以加入至新三板创新层，方法从净利润、营业收入、市值三方面设置了三套准入标准，这三套标准依次是"净利润和净资产收益率""营业收入及其复合增长率、股本""市值、股东权益、做市商家数和合格投资者数"，分别依次侧重挂牌公司的盈利要求、成长性要求、做市市值要求，如果挂牌企业想进入创新层则至少需满足任一套准入标准。当然，想进入创新层的企业除了满足以上特定的标准之外，还需要满足公司治理的规范性、融资的实质性等基础条件。

2016年6月，分层制度正式在新三板市场上启动实施，首次入选创新层的企业数高达953家，约占当时新三板挂牌公司总和的12.4%，剩下的企业自动进入基础层。① 2017年5月30日，全国中小企业股份转让系统公示了创新层企业新名单，这是股转系统第一次对创新层企业实施集体性调整。相比2016年，拟入选的1393家企业在绝对数量上显著增长，占全部挂牌公司总量的12%左右。②

经过一年多的试行，这一制度也暴露出不少的问题，如准入规范中标准一对企业盈利的要求偏高，使得一些资质较优的挂牌公司没有进入创新层；标准二对营业收入的规模要求较低，使得一部分营收不稳定、经营风险高的企业挤进了创新层；另外，公共标准中并没有明确对企业股东人数的要求。

因此，股转体系于2017年年底在全国范围内启动了《全国中小企业股份转让系统挂牌公司分层管理办法》，此前的试行办法就此废止。新办法有几点改进，如最低平均利润水平由原来的1200万元降低到1000万元，最低平均营业收入由原来的4000万元提升到了6000万元，并且也新增了企业拥有合格投资者不少于50人的公共标准。同时，新三板市场分层管理继续执行层级调整，全国股份转让系统依据维持标准，在每一年的4月30日启动挂牌企业所属层级的调整工作，只要企业能够遵守法律法规并且满足基本的财务要求，都能继续维持在创新层中。

新三板市场实施企业分层管理，主要目的有两个：第一，新三板市场准入门槛的包容性使得挂牌企业在行业、治理、财务、战略等方面存在较大的差异，对市场内部企业进行分层，有利于投融资的精准对接；第二，相关部门可

---

① 2016年6月，股转系统发布的创新层挂牌公司名单，http://www.neeq.com.cn/notice/3021.html。

② 2017年5月，股转系统发布的创新层初选企业名单，http://www.neeq.com.cn/hierarchy_news/3463.html? xxfcbj=1。

对不同层级的企业进行差异化的制度安排，尽量满足企业的新三板市场融资环境需求。

第一次分层制度提出了进入创新层的三个准入标准，这三个标准的侧重点不同，简述如下：

第一条标准的重点在企业的盈利能力，标准是：最近两年来持续获利，同时年平均净利在 2000 万元人民币以上（将减去非经常性损益前后的较低值作为数据参考）；最近这些年以来的加权平均净资产收益率基本在 10% 以上（将减去非经常性损益前后的较低值作为数据参考）。第二条标准的重点在企业的成长能力，针对的是目前能处于高速成长而需要大量资金的企业，标准是：最近这两年来营业收入持续上升，同时年均综合上升率在 50% 以上；最近这两年来营业收益基本在 4000 万元以上；股本在两千万股以上。第三条标准的关键为公司的市值情况，标准是：最近发生交易的两个月的做市转让时间中的平均市值在 6 亿元以上；最近一年年末的股东权益在 5000 万元以上；做市企业数量超过 6 家；合格投资者在 50 人以上。①

新三板的企业会在不同层次之间流动，流动的频率为每年一次，每年将会重新评价企业一次。创新层的企业需要满足三套维持标准之中的一个，若全都不满足将会返回基础层。从上市企业的公众性方面加以分析，维持标准还对合格投资者的人数与交易频率加以规定。②

分层制度的维持标准重点包括下面四点：③

①最近两年持续获利，同时年平均净利润在 1200 万元以上（将减去非经常性损益前后的较低值作为数据参考）；最近两年加权平均净资产收益率基本在 6% 以上（将减去非经常性损益前后的较低值作为数据参考）。

②最近两年营业收入持续上升，同时年均综合上升率在 30% 以上；最近两年营业收入基本在 4000 万元以上；股本在 2000 万股以上。

③最近发生交易的两个月做市转让时间的平均市值超过 3.6 亿元；最近一年年末的股东权益在 5000 万元以上；做市企业的数量在 6 家以上。

④达标的投资人士在 50 位以上。最近 60 个可转让日实际成交天数占比不低于 50%。

---

① 引自《全国中小企业股份转让系统挂牌公司分层管理办法（试行）》。

② 引自 2016 年 5 月 27 日全国股转公司有关负责人就挂牌公司分层答记者问。

③ 引自《全国中小企业股份转让系统挂牌公司分层管理办法（试行）》。

3.2 新三板的交易和融资现状

3.2.1 新三板交易状况

虽然新三板挂牌企业数量和市值规模不断上升，但是新三板的交易情况，流动情况却不是很好，新三板的整体流动性自 2015 年以来呈相对下降的趋势，成交股票数量和交易市值规模并没有如同新三板挂牌企业数量上升得那么快。2017 年整体的换手率为 13.47%，是近年来的最低值。

新三板历年股票成交情况统计结果如表 3-4 所示。

表 3-4　　　　　　　　　新三板股票成交统计

年度	成交数量（亿股）	成交金额（亿元）	成交笔数	换手率（%）
2014	22.82	130.36	9.27 万	19.67
2015	278.91	1910.62	282.13 万	53.88
2016	363.63	1912.29	308.81 万	20.74
2017	433.22	2271.8	282.99 万	13.47

资料来源：全国中小企业股份转让系统，2018 年。

2017 年度新三板与中小企业板和创业板的股票交易情况对比如表 3-5 所示：

表 3-5　　　　　　　　　2017 年各板块交易统计

交易日期	新三板			中小企业板			创业板		
	成交数量（亿股）	成交金额（亿元）	公司家数	成交数量（亿股）	成交金额（亿元）	公司家数	成交数量（亿股）	成交金额（亿元）	公司家数
4 季度	75.1	444.54	6870	4129.82	62960.12	2658	2136.62	40411.32	2105
3 季度	71.48	420.82	6606	5294.19	75251.39	2602	2766.59	47204.11	2021
2 季度	76.91	487.01	6095	3957.62	58605.05	2545	2084.07	37291.4	1922
1 季度	70.62	481.2	5574	3722.75	59827.54	2477	1786.53	39757.12	1807
总计	294.11	1834	25145	17104.4	256644.1	10282	8773	164663	7855

资料来源：全国中小企业股份转让系统，2018 年。

从表 3-5 我们能够了解到，新三板在成交公司家数比中小板和创业板的家数多几倍的情况下，成交数量平均来说仅仅是中小板的 2%，创业板的 3%；平均来说成交规模不到中小板和创业板的 1%。这一方面说明新三板是服务于创新型和成长性企业的板块，企业规模普遍较小，同时投资者以长期持股为主，另一方面也说明新三板的流动性的确很差。

3.2.2　新三板融资状况

上市新三板的企业不仅可以运用债权融资方式融资，还可以使用股权筹资办法获得资金，股权筹资办法涵盖了定向增发、优先股等，债权融资方式包括企业债、公司债、中期票据、短期融资债券等。

（1）新三板股权融资状况。

新三板融资活动中股权融资占绝大部分比重，股票发行次数和发行规模在 2014 年和 2015 年大幅度上升，之后从 2015 年到 2017 年发行次数和规模保持稳定状态，其中 2017 年数据略有下降（见表 3-6）。

表 3-6　　　　　　　　　　　　历年股票发行情况统计

年度	发行次数	发行金额（亿元）	发行规模（亿股）
2013	60	10.02	2.92
2014	330	134.08	26.6
2015	2565	1216.17	230.79
2016	2940	1390.89	294.61
2017	2725	1336.25	239.26

资料来源：全国中小企业股份转让系统，2018 年。

2015 年至 2017 年的 3 年期间，新增新三板企业数分别为 3218、4976、2141，2017 年新增新三板挂牌企业数量下降一半，但是发行金额与 2016 年大致持平，说明已上市企业继续融资的情形不错。

新三板股权融资的几大方式中定向增发是最重要的，新三板中定向增资所需满足的要求不多，要求主要有公司治理、信息披露等，新三板对定向增发的时间要求也不高，可以随时进行定向增发的申请，同时定向增发的批准也能延后。定向增发统计结果如表 3-7 所示。

表 3-7   历年定向增发情况统计

年份	实施完成		
	增发次数	募资总额（亿元）	占股票发行总额
2017	2660	1280.41	0.96
2016	2779	1328.70	0.96
2015	2444	1076.04	0.88
2014	307	124.73	0.93

资料来源：全国中小企业股份转让系统，2018 年。

（2）新三板债权融资情况。

新三板债权融资方式的融资规模非常小，新三板于 2014 年 2 月发行了第一只债券 14 云路桥，截至 2017 年底新三板企业共成功发行 37 只债券，募集资金总规模约 279.73 亿元，其中 2017 年发行 24 只债券，募集资金规模约 168 亿元，同时拟发行债券数量也在增长（见表 3-8）。

表 3-8   历年债券发行情况统计

年份	发行数量	发行规模
2017	24	168.2260
2016	8	41.2500
2015	3	63.2500
2014	2	7.0000
总计	37	279.7260

资料来源：全国中小企业股份转让系统，2018 年。

运用股权质押来融资是新三板近年来大力发展的方式（见表 3-9），利用股权质押的方式来融资的行为的数量和取得的资金规模正在增加。新三板挂牌后，股份有了流通的渠道和方式，股份价值估计也有了参考，因此新三板挂牌企业股权质押更能得到银行等中介机构的偏好。

表 3-9   历年股份质押情况统计

年份	质押股数	质押笔数
2015 年	124.9061	982
2016 年	335.7803	3139
2017 年	689.6049	3517

资料来源：全国中小企业股份转让系统，2018 年。

3.3　新三板企业的市场现状

3.3.1　新三板企业的整体现状

（1）新三板市场的容量。

从新三板市场扩容开始到现在，上市公司的规模有了快速的增长。截至 2013 年末，新三板挂牌企业仅有 356 家，在之后的三年里，每年净增挂牌企业数量分别为 1216 家、3557 家、5034 家，新三板挂牌企业数在 2015 年达到了 5129 家。截至 2016 年末，该市场的企业总数相比 2015 年末增长了 98.14%，首次突破 10000 家，达到 10163 家。自 2017 年以来，新三板市场的挂牌企业增长速度逐渐趋于疲软，截至 2017 年末，新三板市场的挂牌企业总数共计 11630 家，相比 2016 年末仅增加 14.43%。2017 年度，新三板挂牌企业的数量增加主要集中在上半年，具体情况如图 3-2 所示。

自 2013 年正式扩容至今，短端的四年时间里，新三板已经成为全球挂牌数量最多的证券交易场所。

（2）挂牌企业的行业分布。

根据新三板挂牌企业在 2016—2017 年的公开统计数据，新三板市场上制造业企业占比始终保持在 50% 左右，信息技术和软件服务业企业占比在 20% 左右，其他行业企业占 30% 左右。值得一说的是，按照证监会行业门类细分的话，这里的制造业多属于医药、通用和专用设备、计算机、通信和其他电子设备等制造业，企业均都有不同程度的研发投入，属于高新技术企业，[①] 不同

---

① 新三板上的制造业企业多数都通过高新技术企业资格认定，具有一定的研发投入，与新三板市场的服务定位不冲突。

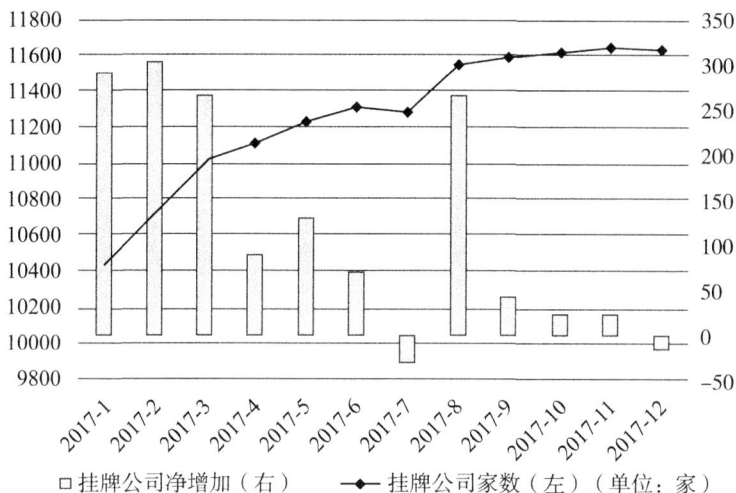

图 3-2　2017 年新三板企业数量的月度统计

资料来源：Choice 金融终端。

于传统的劳动密集型制造业，但即便如此，合格投资者还是更愿意投资于信息技术类等科技创新类企业。由此可得，新三板挂牌企业的行业分布失衡，制造业占比过重，新三板市场仍急需产业结构优化调整。新三板上市公司的行业分布状况如表 3-10 所示。

表 3-10　　　　　　　　新三板上市公司的行业分布状况

行业划分	2017 年年末所占比例	2016 年年末所占比例
制造业	49.91%	50.70%
信息传达、软件与信息科技服务业	19.64%	19.71%

资料来源：Choice 金融终端。

（3）股本规模和股权结构。

新三板上挂牌的企业多属于初创期和发展期的公司，企业的股本规模偏小，虽然近两年股本在 5000 万元以上的挂牌企业的比例有所微升，但股本在 10000 万股以上的企业占比始终不超过 11%，超过半数企业的股本仍集中在 1000 万~5000 万股之间。新三板挂牌公司的股本分布状况如表 3-11 所示。

表 3-11 　　　　　　　　　　新三板挂牌公司的股本分布状况

股本（万股）①	2017 年年末		2016 年年末	
	公司数量	所占比例	公司数量	所占比例
0～500	78	0.67%	71	0.70%
500～1000	844	7.26%	808	7.95%
1000～3000	4295	36.93%	3777	37.16%
3000～5000	2549	21.92%	2171	21.36%
5000～10000	2627	22.59%	2275	22.39%
超过 10000	1237	10.64%	1061	10.44%
总计	11630	100.00%	10163	100.00%

资料来源：Choice 金融终端。

此外，从股权结构来看，近两年新三板市场中前十大股东持股占比超过 90% 的上市公司的比例超过了 80%，而持股占比在 70% 到 90% 期间的公司比例大约为 15%，持股占比在 70% 以下的企业占比仅 5% 左右。企业股权集中代表公众化水平低，流通股数量有限，也会影响企业的股权融资。2016—2017 年挂牌企业股东数量分布如表 3-12 所示。

表 3-12 　　　　　　　　　　新三板挂牌公司股东数量分布状况

股东数量	2017 年末		2016 年末	
	公司数量	所占比例	公司数量	所占比例
2	742	6.38%	711	7.00%
3～10	4454	38.30%	3921	38.58%
10～50	4529	38.94%	4001	39.37%
50～100	953	8.19%	788	7.75%
100～200	551	4.74%	423	4.16%

---

①　本节数据区间均为左包含，比如"5000～10000"代表股本数量大于等于 5000 且小于 10000，下同。

续表

股东数量	2017 年末		2016 年末	
	公司数量	所占比例	公司数量	所占比例
200 以上	401	3.45%	319	3.14%
合计	11630	100.00%	10163	100.00%

资料来源：Choice 金融终端。

（4）市场的流动性现状。

图 3-3 描述了新三板市场在近五年内发行规模和成交金额的变化情况。从 2015 年开始，新三板市场的活跃度较前两年有较大的提升，但是 2015—2017 年期间，新三板市场的发行规模和交易金额均呈缓慢增长趋势。就发行规模来看，2015—2017 年期间，新三板股票的发行规模依次为 1217 亿元、1391 亿元和 1336 亿元，2016 年的发行规模相比 2015 年增长了 14.30%，2017 年相比 2016 年减少了 -3.93%。就成交金额来看，2015 年新三板股票成交金额为 1911 亿元，与 2016 年基本持平与 2015 年持平，2017 年股票成交金额较 2016 年增长了 18.80%，跃升到了 2271.8 亿元。

图 3-3 历年新三板挂牌企业发行金额与成交金额趋势
资料来源：Choice 金融终端。

挂牌企业数量的增加带来了流通股数量的增加，而成交金额却没有同步上涨。就近三年的数据来看，成交金额与流通股的比例依次是 1.87、0.80、0.66，呈逐年降低的趋势，如图 3-4 所示，这说明单位流通股所带来的成交金额是逐渐减少的，这说明新三板整体的流动性还是不够，这会降低新三板企业的融资效率。

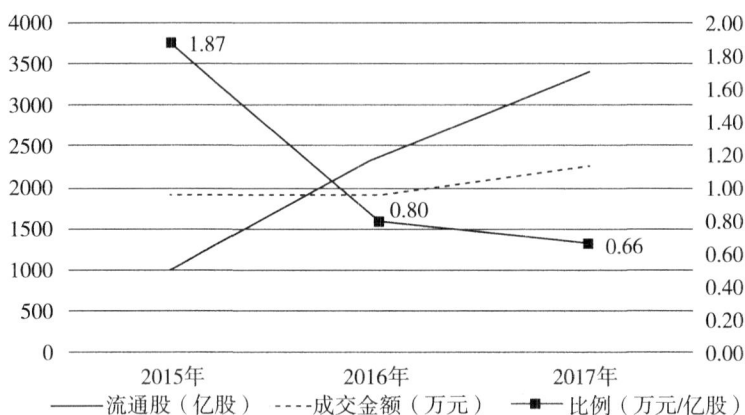

图 3-4 近三年流通股与成交金额对比图

资料来源：Choice 金融终端。

近三年来，新三板市场上的并购重组活动越发活跃，新三板已成为公司并购活动的重要"标的池"。首先，新三板企业相比那些没有挂牌的企业来讲治理更加规范，能够较好地满足部分上市企业的并购需求；另一方面，许多新三板上市公司自己亦存在并购需求，试图以同业收购或产业合并的办法来促进公司持续健康发展。新三板的并购重组具体情况见表 3-13。

表 3-13 近三年新三板挂牌企业并购重组情况统计

年份	资产重组		并购收购	
	主要资产重组数量	重组总规模（亿元）	收购数量	收购总规模（亿元）
2015 年	106	292.67	107	55.14
2016 年	99	122.11	239	412.44
2017 年	115	167.11	336	476.41

资料来源：Choice 金融终端。

3.3.2 新三板企业的现状比较

分层制度的实施将整个新三板市场的企业划分为创新层企业和基础层企

业，市场上不能满足创新层准入门槛的企业自动进入基础层。那么现阶段这两个层级上企业的现状又是如何的呢。本节从四个方面对创新层企业和基础层企业的现状进行对比分析，整体情况如下：

（1）盈利情况。

2016 年度，创新层中实现盈利的企业占比明显高于基础层中实现盈利的企业占比，其中基础层企业中有 78.3% 的企业处于盈利状态，21.7% 的企业处于亏损状态；而创新层企业中，有高达 93.3% 的企业实现了盈利，仅有 6.7% 的企业处在亏损状态，如表 3-14 所示。

表 3-14 　　　　　　　　　**2016 年新三板企业盈亏情况对比分析**

	创新层的企业占比	基础层的企业占比	新三板企业占比
盈利	93.3%	78.3%	79.7%
亏损	6.7%	21.7%	20.3%
合计	100.0%	100.0%	100.0%

资料来源：Choice 金融终端。

（2）资本结构。

由表 3-15 可知，截至 2016 年末，创新层上企业的资产负债结构整体上要优于基础层上企业的资产负债结构。虽然两个层级中企业的资产负债率都集中在 20% 与 80%①之间，但是创新层中资产负债率在 20% 与 50% 之间的企业占比要远高于基础层，而基础层中资产负债率在 50% 与 80% 之间的企业占比要远高于创新层。

表 3-15 　　　　　　　　　**2016 年新三板企业融资结构对比分析**

	创新层的企业占比	基础层的企业占比	新三板企业占比
0%~20%	20.1%	19.8%	19.8%
20%~50%	57.1%	46.7%	47.7%
50%~80%	21.1%	30.3%	29.4%

---

① 以下数据区间均为左包含，比如"20%~80%"代表资产负债率大于等于 20% 且小于 80%。

续表

	创新层的企业占比	基础层的企业占比	新三板企业占比
80%以上	1.7%	3.2%	3.1%
合计	100.0%	100.0%	100.0%

资料来源：Choice 金融终端。

（3）偿债能力。

流动比率能够显示企业的短期偿债能力。本书以新三板企业在 2016 年度的公开数据为例，对创新层企业和基础层企业的流动比率进行了统计，发现无论是从流动比率大于 2 的还是大于 1 的角度看，都是创新层上企业的比例要高于基础层企业的比例，这说明创新层上的企业具有更加优秀的偿债能力，具体数据见表 3-16。

表 3-16　　　　　　　**2016 年分层企业流动性对比分析**

流动比率分布	基础层		创新层		总计	
	企业数	占比	企业数	占比	企业数	占比
>2	428	48.5%	5032	57.9%	5460	57.1%
>1	614	69.6%	6885	79.3%	7499	78.4%

资料来源：Choice 金融终端。

（4）交易方式。

股转系统成立之初，全部挂牌企业以协议转让方式进行股权流通；2014 年 6 月，做市商制度在新三板市场上试行，但企业仍以协议转让为主；2017 年 12 月，股转系统对新三板市场制度进行大改革，明确就基础层和创新层企业差异化地引入竞价交易制度，创新层中的公司在所有交易日中均存在 5 个集合竞价转让的时期，然而基础层中的企业仅在每个交易日的 15 点才可以进行集合竞价撮合，并取消了盘中协议转让交易方式。这种差异化的交易方式组合有助于提升市场流动性，进一步发挥价格发现功能。

截至 2017 年末，综合制度改革的新制度尚未实施，① 新三板市场的股份转让还是协议和做市两种方式，其中创新层中采取做市转让的企业比例远高于

---

① 股转系统〔2017〕506 号公告明确说明新制度将于 2018 年 1 月 15 日开始实施。

基础层中采取做市转让的比例。从 2017 年的公开数据来看，基础层中采用做市转让方式的企业占比 8.31%，而创新层中有 36.51% 的企业采用做市转让的方式进行股份转让。2017 年末新三板挂牌企业的转让方式分布如表 3-17 所示。

表 3-17　　　　　　　2017 年末新三板挂牌企业的转让方式分布汇总

	创新层公司分布	基础层公司分布	新三板公司分布
做市转让	36.51%	8.31%	11.59%
协议转让	63.49%	91.69%	88.41%
合计	100%	100%	100%

资料来源：Choice 金融终端。

3.4　新三板挂牌中小企业融资存在问题分析

筹资难始终对我国中小企业的进步将产生极大的影响，此为这些企业在发展中必须应对的一大瓶颈，如今日益增多的中小企业逐渐上市新三板，试图以新三板为媒介在资本市场开展融资活动。然而根据上一节的分析，我国新三板市场的建设仍然只是处于一个摸索的初期阶段，距离解决中小企业融资困难仍非常遥远，新三板市场仍然存在诸多需要完善的地方，急需解决的问题简述如下：

3.4.1　转板机制与退市机制不完善

一个良好的场外交易市场必须为一个透明度高的、动态的市场，就市场中规模巨大的上市公司而言，其可否能够转至主板市场获得进一步的发展，或是由于效率不高在竞争中失败，这两种结局均需交给市场来判断。健全的转板制度与退市制度为一个成熟的场外交易市场的关键力量，根据现在我国新三板市场的发展情况，转板制度和退市制度不健全的问题非常显著。

到 2015 年年末，我国新三板上市公司中顺利转板的仅仅包括十二家，同时此类公司均以 IPO 方式上市，所谓的"转板"其实属于换板上市（临时停牌——申请——摘牌）。眼下，新三板公司是不可以直接转板到创业板以及中小板的，而它们换板上市的流程也和普通公司一致。此种"转板"仅仅是纯粹地能够在资本市场中更快地成长，实实在在的"转板"必须经由市场选出最好的公司，在此类最佳公司中筛选出可以通过证监会规定的批准流程的公司，同时同意此类公司不需经过较长的 IPO 经过而直接可以在主板市场中发展。截至现在，在新三板中顺利实现转板的公司较少，转板效率特别不足，此种状况不但呈现出眼下转板机制的不完善，也会使得那些对于抉择继续入市还是先挂牌再择机转板的公司难以做出决定以及增加其做出决定的费用。

另外，健全的竞争制度也是一个成熟的场外交易市场所不可或缺的部分。虽然眼下在我国新三板上市的公司规模已经在六千家以上，然而此类公司中的绝大部分（几乎占到了 55% 的比例）均只是上市而已，却未产生交易，众多的"僵尸股"会使得市场流动得更慢，更关键的是影响投资人士的最终投资。所以引入健全的竞争制度，以退市促进上市公司提升自己的品质，以强制摘牌方式深入强化对股票的交易额、企业管理能力与财务报告公开违规做法的监管与考核，对新三板将来的发展走势便显得更加重要。

3.4.2　直接融资功能有限

因为在新三板挂牌的公司基本上均为非上市企业，此类公司无法经由 IPO 的形式直接融资，所以眼下此类公司大部分均凭借定向增资的股权筹资渠道来获得资金，筹资渠道极其单一，直接融资的性能将受到一定的限制。定向增资仅仅可以给固定的投资者发行股票，无法以公募形式发行股票，同时必须按照规定在公布定向增资通知前服从有关程序，其中包括由企业高层批准实行、获得我国证券协会的认可等等，与此同时还必须在达成定向增资前明确筹资价格、筹资总量、筹资对象与渠道，过程极其烦琐，筹资效率较低，这也是导致我国新三板市场发展较慢的一大关键缘由。

3.4.3　市场流动性不乐观

我国新三板市场在现在的发展，以及后续的发展过程中最关键的约束要素即流动性不够。从其建立至 2013 年，在新三板挂牌的所有公司中基本有一半以上是没有进行融资交易的公司，其流动性以及交易量均特别低，换手率也始终在 10% 以下。到了 2014 年，做市商制实现后，总体交易仍旧不多活跃。2016 年，在新三板实行分层制度差不多 60 天的时间中，新三板挂牌企业已经上升到了八千多家，然而在这些企业中还存在未达成交易的五千多家公司，此类新三板交易状况的滞后以及挂牌状况的火爆造成的显著对比让人震惊，这也彰显出当前股份交易市场的流动性始终较为落后的常态。新三板分层实行后，对公司根据某一标准加以划分，这在较短的时间中已减少了投资者抉择的费用，然而从长远而言也无法完全处理市场流动性不够的主要问题。

新三板流动性不够的重点原因是该市场的市场环境始终位于刚兴起的时期，有关方针、制度不够完善与健全。因此该市场眼下必须应对许多交易制度不健全、进入和退出制度未成常态化、财务报告公开监督机制不完善、投资人士对新三板市场存在误解等各种问题。此类问题均需时间来加以改进，必须经由持续进一步发展才可以慢慢地变得成熟起来，比如：做市制度从刚开始实行到现在，已经显著增加了该市场的总体流动性，然而此举亦仅仅带来阶段性的效果，在市场归于正常后，做市机制对新三板市场流动性产生的影响将从如火如荼的时期变得比较平淡。在具体操作中，这和未引进较多特别专业的做市商、未产生规模效应来符合市场需求存在较大的关联；另外一个难以忽视的原因即新三板的制度开发不够健全，股转体系必须在国家方针制度领域拟定有关奖惩制度，进而指引做市商机制的实行。

第4章 新三板企业融资效率的评估与影响要素研究

经济生产体系是一个极其繁杂的体系，难以以一个精准的生产函数来表述该经过，而数据包络分析模式无需思考生产函数的详细表现方式，另外还能够处理多投入多产出的问题，所以成为业界人士分析融资效率的一大关键方法。此章亦参考该方法，首先对数据包络分析模式加以讲解，然后对样本企业的融资效率进行测度，最后对实证结果进行分析。

为了给有关部门提供改善我国新三板融资效率现状的政策建议，接下来我们将对影响新三板企业融资效率的因素进行探究，量化融资效率与影响因素之间的作用关系。

4.1 模型简介和指标选取

4.1.1 DEA 模型原理和分类

DEA（Data Envelopment Analysis）是数据包络分析的简称，DEA 的理论基础是 Farrell 在 1957 年提出的"生产边界"的概念。

（1）DEA 模型原理。

如前文所述，DEA 是利用数学规划（如线性规划、多目标规划、半元限规划等）来建立评价模型。

各个决策单元之间具有相同（或相近）的输入（或投入）和输出（或产出）指标，通常来说投入指标大部分是机构或者企业生产进行运营或者生产所需的指标如员工规模、工资、广告投入或者劳动力、资金投入等，产出指标一般是运营或者生产的结果例如收入、利润、市场份额等。DEA 模型的基础测算原理如图 4-1 所示。

DEA 模型包括很多种，其中比较基础的有基于固定规模报酬的 CCR 模型和基于规模报酬可变的 BCC 模型，下面将重点介绍这两种细分的模型。

	决策单元 / 投入指标	1	2	······	n
v_1	1	x_{11}	x_{12}	$\cdots$	x_{1n}
v_2	2	x_{21}	x_{22}	$\cdots$	x_{2n}
$\cdots$	$\cdots$	$\cdots$	$\cdots$	$\cdots$	$\cdots$
v_m	m	x_{m1}	x_{m2}	$\cdots$	x_{mn}

1	2	$\cdots$	n	决策单元 / 产出指标	
y_{11}	y_{12}	$\cdots$	y_{1n}	1	u_1
y_{21}	y_{22}	$\cdots$	y_{2n}	2	u_2
$\cdots$	$\cdots$	$\cdots$	$\cdots$	$\cdots$	$\cdots$
y_{s1}	y_{s2}	$\cdots$	y_{sn}	s	u_s

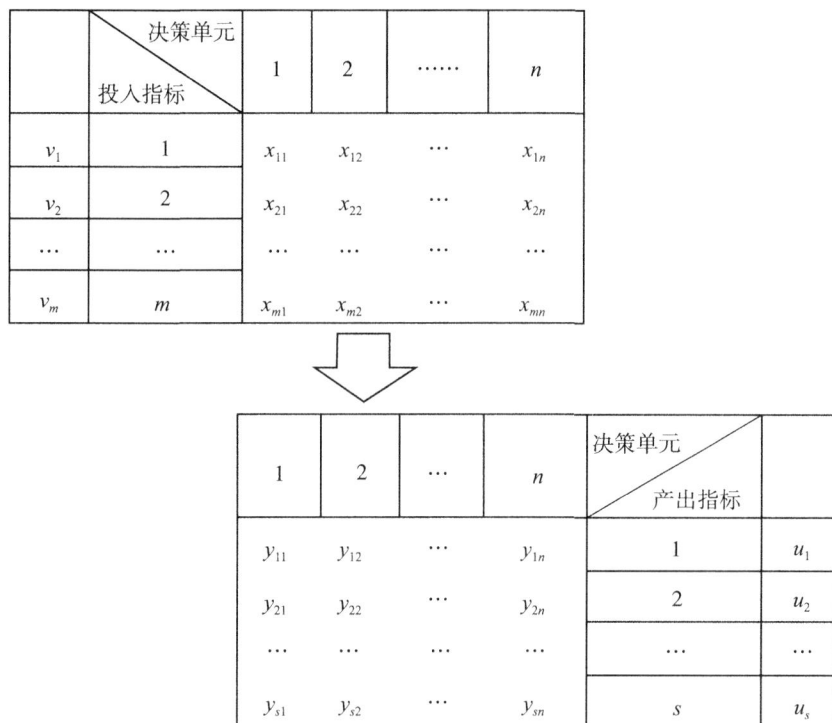

图 4-1　DEA 测算原理

资料来源：公开资料。

在评价上，我们通常用综合技术效率（TE）来评价融资效率，综合技术效率又可以拆分为两方面。一是纯技术效率（PTE），PTE 是在规模报酬可变假设下的技术效率。[1] 二是规模效率（SE），SE 评价样本目前的生产规模是否为最合理规模的比值，意味着在规模报酬无论是发生改变还是不改变的状况，在产出一定的情况下的最小的投入或投入一定的情况下最大产出。[2] 三者关系数学表示为 TE＝PTE×SE。

（2）DEA 模型分类。

---

① 纯技术效率主要衡量企业使用筹集资金所带来的收益，即资金使用有效率，反映资源配置能力。

② 规模效率主要衡量企业当前既定的融资成本、渠道等能否使企业达到最佳规模状态，侧面反映成本等因素主导的筹资效率。

DEA 模型可分为规模报酬不变下的 DEA 模型（简称"C^{2}R 模型"）和规模报酬可变下的 DEA 模型（简称"BC^{2}模型"）。综合效率、纯技术效率分别是通过 C^{2}R 和 BC^{2}基本模型测度出来的，而规模效率则是通过两者换算得来：综合效率=纯技术效率×规模效率。

①C^{2}R 模型。

该模型是在假定规模报酬没有产生变动（也被叫作 CRS）的情况下成立的，又称为 CRS 模型（Charnes，Cooper，Rhodes，1978），通过这个模型计算出来的效率值是综合效率，假设全部 DMU 共有 n 个，任一个 DMU 分为 m 种投入与 s 种产出，那么第 J_0（$1 \leqslant J_0 < \leqslant n$）个 DMU 的 C^{2}R 模型可表示为公式（4-1）：

$$\max h_{j_0} = \frac{\sum\limits_{r=1}^{s} u_r y_r j_0}{\sum\limits_{i=1}^{m} v_r x_j j_0} \leqslant 1, \ j = 1, \ 2, \ \cdots, \ n$$

$$s.t \begin{cases} \dfrac{\sum\limits_{r=1}^{s} u_r y_r j_0}{\sum\limits_{i=1}^{m} v_r x_j j_0} \leqslant 1, \ j = 1, \ 2, \ \cdots, \ n \\ u_r \geqslant 0, \ r = 1, \ 2, \ \cdots, \ s \\ v_i \geqslant 0, \ i = 1, \ 2, \ \cdots, \ m \end{cases} \quad (4\text{-}1)$$

借助 Charnes-Cooper 变换以及对偶规划理论，对公式（4-1）进行分投影分析，得到了一组对偶规划方程组，如公式（4-2）所示：

$$\min \theta_0$$

$$s.t \begin{cases} \sum\limits_{j=1}^{n} \gamma_j x_{ij} + s_i^- = \theta_0 x_{i_0}, \ i = 1, \ 2, \ \cdots, \ m \\ \sum\limits_{j=1}^{n} \gamma_j y_{rj} - s_r^= = y_{r_0}, \ r = 1, \ 2, \ \cdots, \ n \\ \gamma_j \geqslant 0, \ j = 1, \ 2, \ \cdots, \ n \\ \theta_0, \ s_i^-, \ s_r^= \geqslant 0 \end{cases} \quad (4\text{-}2)$$

根据上述方程的 θ_0（$0 \leqslant \theta_0 \leqslant 1$）与松弛变量，能够给出 DMU$_{J_0}$ 的三大有效性形态：

a. 当 $\theta_0 = 1$ 以及 $s_i^- = s_r^= 0$ 时，DMU$_{j_0}$ 表明 DEA 全部有效，这意味着在投入 x_{j_0} 的前提下，产出 y_{j_0} 已实现了最佳效果，资源配置的功效已经获得了最佳程度的发挥。

b. 当 $\theta_0 = 1$ 且 $s_i^- \neq 0$ 或 $s_r^- \neq 0$，DMU_{j_0} 显示 DEA 弱有效，意味着存在一定程度投入 x_{j_0} 过剩或产出 y_{j_0} 损失，可以通过保证 y_{j_0} 恒定的情况下缩减 s_i^-，或在保持投入 x_{j_0} 不发生变动的状况下而增加产出 s_r^-。

c. 当 θ_0 值比 1 要小时，这意味着 DMU_{j_0} 属于非 DEA 有效的形态，同比例的减少现有投入要素，可以保证产出恒定不变。

②BC² 模型。

C²R 模型必须有一个极其关键的假设条件，即规模报酬不动，然而在实际生活中，规模报酬很难不发生变动。于是，Banker 等人（1984）给出了相关改善措施，把规模报酬的变动（也被叫作 VRS）因素纳入考虑范围之内，得到了测算决策单元纯技术效率的 BC² 模型，又称为 VRS 模型。改进方案在公式（4-2）的基础上增加了一个约束方程 $\sum_{j=1}^{n} \gamma_j = 0$，用来消除规模因素对公式（4-2）的求值干扰，从而得到了剔除规模效率的纯技术效率，第 J_0 个决策单元纯技术效率的对偶规划方程可表示为公式（4-3）：

$$\min \delta_0$$

$$s.t \begin{cases} \sum_{j=1}^{n} \gamma_j x_{ij} + s_i^- = \delta_0 x_{i_0}, \ i = 1, 2, \cdots, m \\ \sum_{j=1}^{n} \gamma_j y_{rj} - s_r^- = y_{r_0}, \ r = 1, 2, \cdots, n \\ \sum_{j=1}^{n} \gamma_j = 0 \\ \gamma_j \geqslant 0, \ j = 1, 2, \cdots, n \\ \delta_0, s_i^-, s_r^- \geqslant 0 \end{cases} \quad (4\text{-}3)$$

新三板企业和上市公司相比，无论是在资产规模上还是营收规模上都差距较大，所以规模报酬不变的假设和实际情况也不相符，所以本书采用规模报酬可变的 BCC 模型来对新三板企业的融资效率进行测算，并分析不同企业之间的规模报酬的情况。

其中，DEA 模型相比于其他的模型具有如下特点：①客观性，DEA 评价不需要主观进行权重假设，也不需要事先设定具体的输入指标和输出指标之间的函数关系；②能够充分考虑到每一个决策单元，可以对每一个决策单元进行优化，同时可以为管理者提供更多信息。所以适合测算和评价有多个投入要素和多个产出要素的情况。也是因为这些优势，越来越多的学者开始认可和使用这一模型，本书也将采用 DEA 模型来测算样本企业的定向增发的融资效率以及面对不同发行对象的样本企业之间的融资效率的差异。

通过 DEA 模型能够测算出公司总体的筹资效率，还能够了解到本书的主要分析内容，在发行对象不一致时筹资效率的差异大小。本书还将基于 DEA 测算出的综合技术效率，采用 Tobit 回归模型考察影响企业融资效率的因素，Tobit 回归模型也被称作受限因变量模型，适用于因变量取值在特定的约束条件下的情况。

本书第一步是以 DEA 模式来研究样本公司筹资效率的总体状况与变化形势，以及面向不同发行对象的样本企业之间的差异。然后采用 Tobit 模型，将公司规模、成本控制、资本结构、经营风险和公司运营因素作为解释变量考察各个因素对于融资效率的影响程度，同时将发行对象类别作为虚拟变量，考察发行对象的不同是否会影响到企业的融资效率。

国内外学者们也有很多采用 DEA 方法和 Tobit 模型结合研究和分析的文献。Hoff（2007）在研究丹麦渔业的案例中，在 DEA 分析的第二阶段中使用了 Tobit 模型进行了回归。刘玉海、武鹏（2011）在分析我国耕地利用效率的时候，首先建立了 SBM-DEA 模型，然后在 DEA 测算的基础上分析了影响耕地利用效率的因素以及各个区域之间的耕地利用效率的差别。黄溶冰、陈耿（2013）使用了 DEA-Tobit 模型对节能减排项目进行了绩效评价并且从项目所拥有的资源和自身管理两个角度分析了影响绩效的因素。粟芳、初立苹（2015）分析我国不同银行的资金使用效率以及影响资金使用效率的因素，首先使用了广义三阶段 DEA 模型分析了不同类别银行的资金使用效率的差异，然后在此基础上以 Tobit 模型研究了影响银行资金运用效率的要素同时给出了银行应该如何提高资金使用效率的建议。魏楠（2017）在分析新三板企业融资效率时，首先使用了 DEA 模型对样本企业融资效率进行了测算，然后使用了 Tobit 模型进行了回归分析，把 DEA 测算结果作为因变量然后分析了影响融资效率的因素。

4.1.2　DEA 模型指标选择

合理确定投入与产出指标，才能得出更为科学准确的 DEA 效率值。本书对现有相关文献中涉及的投入产出指标做了初步统计，并结合新三板挂牌企业的实际情况，在遵循科学性和可获得性的原则上，从投入产出角度进行指标的选取。投入指标应体现企业的融资情况，包括融资总额、融资结构、资金利用情况等，本书选取了资产总额、资产负债率、销售成本率三个指标；产出指标应该全面体现企业通过有效利用资金后所获得的产出效果，包括企业的盈利能力、成长能力、营运能力、偿债能力等方面，本书选了包括净资产收益率、基本每股收益、总资产周转率、利息保障倍数在内的四个产出指标，如表4-1所示。

表4-1 投入和产出指标选择

项目	指标	计算公式	含义
投入项	资产总额	资产负债表中的"资产总计"	资产规模
	资产负债率	负债总额/资产总额×100%	资产负债结构
	销售成本率	营业成本/营业收入×100%	资产利用情况
产出项	净资产收益率	净利润/净资产×100%	盈利能力
	基本每股收益	净利润/总股本	成长能力
	总资产周转率	营业收入/总资产平均余额	营运能力
	利息保障倍数	息税前利润/利息费用	偿债能力

（1）投入指标选取。

资产总额，企业所拥有的全部可以支配的资源就是企业的资产，会计上也分为流动资产和非流动资产等，资产是企业开展经营活动、获取经济利益的前提条件。企业的资产来源多种多样，有股东投入、债权人投入以及自身的盈余留存等。因此，本书选择企业资产总额来反映企业总体的融资规模大小。大部分新三板公司为规模较小的公司，资产也相对不多，位于规模报酬持续增加的时期，资产的增加可以更好地促进公司的进步。

资产负债率，又称财务杠杆系数，它直接反映了企业依靠债权人投资形成资产的比例，衡量了企业的融资结构。一方面，债务融资能够通过税收效应增加企业的价值。另一方面，资产负债率过高也可能触发企业的财务风险。

销售成本率，本书创新性地引入销售成本率来反映企业的相对营业成本，该指标是营业成本与营业收入的比值，[①] 可比直接采用营业成本要好。它表示企业平均创造一单位的营业收入所需要投入的最低营业成本，是企业资金利用率的体现，反映企业控制生产成本的能力，销售成本率越低，可提高企业的资

---

① 这里是采用新会计准则中的计算公式，是营业成本和营业收入的比值，区别于旧会计准则。

金利用率。

（2）产出指标选取。

净资产收益率，该指标的功效为评估公司获利能力，它能够反映公司单位资产所获得的净资产，还可以彰显出公司把融资获得的资金投入至制造运营后所获得利益的多与少。从资本所有者的视野来评估公司获利能力时，此指标的值越高便越好，因为它意味着公司能够得到更多的利润。

基本每股收益，用来衡量企业成长能力的指标，还能够给金融市场投资人士评估公司有无投资价值提供一些参考。每股收益对公司股价并不会产生影响，它体现了在某一阶段中公司的运营成绩对股东价值的增值水平，从实际角度指引着公司资金的去向。基本上，此指标的值越高便越好，因为它意味着公司给股东创造利润的能力越强，企业更具有投资价值。

总资产周转率，用来衡量企业营运能力的指标，能够体现公司在生产时所有资产的管理品质与使用率，还可以评估公司的运营效率。通常而言，公司的总资产周转率越大越好，因为它代表着此时公司资金的利用率也越高。也就是说此时的资金获得了更好的利用。

利息保障倍数，是指企业未扣除利息的利润与利息费用的比率，该指标用来度量企业偿还负债利息的能力，也叫已获利息倍数。[①] 债权人习惯以此指标来衡量利息债权的安全程度，保障倍数越大，说明企业支付利息费用的能力越强。

4.1.3　Tobit 模型原理

Tobit 模型也被称作受限因变量模型，适用于因变量取值在特定的约束条件下的情况。

在上面的 DEA 模型的分析中，所得结果技术效率（TE）的取值范围集中在（0，1]范围内。此时不能够使用普通最小二乘法来对数据进行回归分析，可能会使得结果出现有偏和不一致的情况，Tobit 是基于最大似然估计的原理，所以能够避免这种情况，该模型的基本原理为：

$$y_i = x_i\beta + \mu_i \quad \mu_i \sim N(0, \sigma^2)$$
$$y_i = \begin{cases} y_i^* = x_i\beta + \mu_i, & y_i^* > 0 \\ 0, & y_i^* \leq 0 \end{cases}$$

[①]　如果企业已有财务费用明细，则利息费用是利息支出与收入的差值，否则就用利润表中的"财务费用"代替。

其中 y_i 代表因变量，x_i 代表解释变量是影响 y_i 的各种因素，β 代表解释变量的参数。在本书的模型中，y_i 代表融资效率用 DEA 模型计算出的综合技术效率（TE）来代替，x_i 代表影响融资效率的各种因素。就本书的选择指标来看更加侧重于微观层面的影响因素。

4.1.4 Tobit 模型指标选择

本书采用 DEA 与线性回归相结合的方法研究新三板挂牌企业的融资效率，其中线性回归的模型选定为 Tobit 模型。原因如下：

一是融资效率本就是很多投入和产出因素共同决定的，而使用 DEA 模型可以有多个输入变量和输出变量，更全面的衡量融资效率；而且使用 DEA 模型进行效率评价时不用人工设置权重，这使得模型更具有客观性；再者本书所研究的融资效率就是企业用最小的成本筹得所需资金的能力和企业合理配置资金追求最高收益的能力，而 DEA 模型正是研究以最低的投入指标获得最高的输出指标的效率，与本书研究的内容十分契合。

二是上文所说以线性回归分析法分析公司融资效率问题时，必须将影响融资效率的各种因素归纳到一个因变量中，这是十分困难的，但是把 DEA 模型得到的综合技术效率作为因变量进行线性回归，就可以解决这一问题，使得研究更加科学准确。又由于 DEA 模型得到的综合技术效率的数值都在 0 与 1 之间，属于受限因变量，Tobit 模型就是用来解决受限因变量的回归问题的，故把线性回归模型定为 Tobit 模型。

如前文所述，影响企业融资效率很多，学者们大多从宏观和微观两个层面来进行研究，宏观层面的因素主要包括宏观经济形势、金融市场的完善程度等，微观层面主要是企业经营管理方面的因素。本书重点从影响融资效率的微观层面进行了筛选，从公司规模、成本控制、资本结构、经营风险和公司运营上来进行考虑。选取的指标如表 4-2 所示。

表 4-2   **Tobit 模型指标选择**

	变量名称	英文名称	变量的意义	变量的来源
因变量	综合技术效率	TE	代表融资效率	DEA 测算结果
解释变量	总资产	Asset	公司规模	样本公司财务报表
	资产负债率	Debt Asset ratio	资本结构	负债总额/总资产＊100%

续表

	变量名称	英文名称	变量的意义	变量的来源
解释变量	总资产周转率	Total Assets Turnover	营运能力	营业总收入/总资产
	营业成本率	Operating cost rate	成本控制	营业成本/主营业务收入
	流动负债率	Current liabilities rate	经营风险	流动负债/总负债
虚拟变量	发行对象类别	DUMMY	发行对象类别	和前文 DEA 模型一致

本书根据所取的变量和 Tobit 模型的原理，设置的方程如下：

$$TE_{it} = c + \beta_1 \ln Asset_{it} + \beta_2 Debt\ Asset\ ratio_{it} + \beta_3 Total\ Assets\ Turnover_{it}$$
$$+ \beta_4 Operating\ cost\ rate_{it} + \beta_5 Current\ liabilities\ rate_{it}$$
$$+ \gamma_1 DUMMY_{1it} + \gamma_2 DUMMY_{2it} + \mu_i$$
$$\mu_i \sim N\ (0,\ \sigma^2)$$

其中 β_i 代表各个影响因素的系数向量，γ_j 代表虚拟变量的系数向量，μ_i 是误差项，c 是常数项。

4.2　样本选取和描述性统计

4.2.1　研究样本的选取

本书以新三板挂牌企业为研究样本，具体筛选标准如下：

第一，挂牌时间在新三板扩容以后，即 2014 年 1 月 1 日及以后。

第二，一直处于创新层和基础层的企业，包括 2016 年 6 月 27 日首次分层、2017 年 5 月 21 日再分层和 2018 年 1 月 15 日再改革①三个时间点时企业所处的状态。

第三，样本企业具有健全的财务数据。

第四，不考虑 ST 以及 ＊ ST 型挂牌企业，此类企业或是持续亏损超过两年，经营情况不良，或是财务情况产生不正常变动的企业，倘若把此类企业也考虑进去将会影响结论。②

---

①　新三板综合制度改革中的分层制度改革将于 2018 年 1 月 15 日正式开始，新的分层制度将对新三板市场上的创新层企业和基础层企业再次进行调整。

②　这类企业的经营状况已持续不佳，已体现出无效率状态，可以不纳入研究范围之内。

第五，不考虑财务信息不正常变动的公司，如资产负债率大于1的财务数据异常的公司。

第六，剔除金融行业企业（按照证监会行业门类），由于金融类企业的现金流特别大，且并非为实体经济的范畴，此行业和其他行业的资产未具备可以比较的条件。

最终确定本书研究样本为332家新三板挂牌企业，包括64家创新层企业和268家基础层企业。一般来说，DEA模型要求实际的样本数最少是投入、产出项数之和的两倍以上（吴广谋、盛昭瀚，1992）。本书投入产出指标数为七项，无论是从基础层还是创新层角度出发，都满足样本综述超过投入、产出总项数的两倍，便能够采取DEA方法。

4.2.2 数据来源和预处理

本书实证研究的数据范围为332家样本企业2014—2016年三年的相关指标数据，本书数据均来自Choice金融终端。

DEA模型计算融资效率时要求投入产出数据满足非负性，而从数据库中直接获取的数据一般含有负值，如直接引入DEA模型中便很难求解，所以必须对初始数据根据某种办法加以归一化处置，本书选取的是功效系数法，将功效系数的值域确定为[0.1，1]，具体计算公式为：

$$D_{ij} = 0.1 + [(Z_{ij} - b_j) / (a_j - b_j)] \times 0.9$$

其中，i表示第i个样本，Z_{ij}是第i个样本的第j项变量，a_j是z_{ij}的最大值，b_j是z_{ij}的最小值。经过归一化处理后，数据都会在区间[0.1，1]内，满足"非负性"的条件。

4.2.3 样本数据的描述性统计

本书研究的样本企业包括64家创新层企业和268家基础层企业。

（1）行业分布。

根据证监会行业一级分类进行统计，本书的332家样本企业覆盖了11个行业，其中超过半数以上的企业属于制造业，64家创新层企业中有68.8%的企业属于制造业，基础层中有78.7%的企业属于制造业（见表4-3）。

表 4-3   **332 家样本企业的行业分布**

行 业	创新层		基础层	
	数量（家）	占比（%）	数量（家）	占比（%）
采矿业	—	—	1	0.4
电力、热力、燃气及水生产和供应业	—	—	1	0.4
建筑业	5	7.8	9	3.4
科学研究和技术服务业	1	1.6	4	1.5
农、林、牧、渔业	3	4.7	8	3.0
水利、环境和公共设施管理业	—	—	3	1.1
批发和零售业	1	1.6	—	—
卫生和社会工作	1	1.6	—	—
文化、体育和娱乐业	1	1.6	—	—
信息传输、软件和信息技术服务业	8	12.5	31	11.6
制造业	44	68.8	211	78.7
合计	64	100	268	100

（2）投入指标的描述性统计。

投入指标包含资产总额、资产负债率、销售成本率三个指标。64 家创新层企业和 268 家基础层企业投入指标统计描述分别如表 4-4 和表 4-5 所示。

表 4-4   **64 家创新层企业投入指标统计描述表**

指 标		均值	标准差	最小值	最大值
资产总额	2014 年	6.628245	17.97935	0.242961	136.0063
	2015 年	7.912948	19.64215	0.461675	150.1252
	2016 年	8.954582	21.64838	0.528913	167.3582
资产负债率	2014 年	51.15729	14.36012	9.90727	81.45054
	2015 年	42.21683	15.17283	10.38888	80.84564
	2016 年	41.79239	13.78429	16.6252	71.9924

续表

指　　标		均值	标准差	最小值	最大值
销售成本率	2014 年	67.56754	13.25422	23.3474	89.2789
	2015 年	66.65251	13.17553	21.8233	88.8584
	2016 年	67.04968	13.61137	23.0109	86.6599

表 4-5　　　　　　　　**268 家基础层企业投入指标统计描述表**

指　　标		均值	标准差	最小值	最大值
资产总计	2014 年	2.276857	2.344831	0.094525	15.61099
	2015 年	2.516878	2.544177	0.163569	18.94393
	2016 年	2.639698	2.732656	0.150558	24.3378
资产负债率	2014 年	51.02277	15.3736	7.739477	99.97472
	2015 年	44.62814	14.98843	10.92634	87.01012
	2016 年	44.82179	15.91068	11.305	91.30596
销售成本率	2014 年	69.35948	15.84992	4.9238	175.3123
	2015 年	70.11126	15.32033	3.4362	154.031
	2016 年	72.17337	18.19664	3.2297	173.0621

从资产总额来看，资产的均值水平始终是不断提高的，创新层企业的均值水平是基础层的两倍以上，但创新层企业资产的离散程度较高，这使得创新层企业资产总额的标准差要远远大于基础层企业。

从资产负债率来看，新三板企业的资产负债率均值有所下降，但是依旧保持较高水平，均超过 40%，其中基础层企业中处于高资产负债率的企业占比要多于创新层。

从销售成本率来看，创新层企业的销售成本率比较集中，而基础层企业销售成本率的极差值较大。

（3）产出指标的描述性统计。

从均值水平来看，创新层企业的净资产收益率、总资产周转率、每股收益、利息保障倍数始终要好于基础层企业。此外，从时间序列来看，各指标均处于波动变化之中，并没有表现出明显的趋势特征。企业产出指标统计描述如

表 4-6、表 4-7 所示。

表 4-6　　　　　　　　　64 家创新层企业产出指标统计描述表

指　　标		均值	标准差	最小值	最大值
净资产收益率	2014 年	15.64192	8.116145	-7.55719	35.90845
	2015 年	15.81664	8.721041	1.306314	55.19186
	2016 年	12.0142	7.514387	-0.9008	39.61896
总资产周转率	2014 年	0.885196	0.425116	0.18832	2.337154
	2015 年	0.832897	0.408458	0.196058	2.256646
	2016 年	0.750399	0.382421	0.211657	2.231858
每股收益	2014 年	0.43548	0.35922	-0.06	1.78
	2015 年	0.420216	0.293723	0.02	1.63
	2016 年	0.341036	0.239662	-0.04	0.95
利息保障倍数	2014 年	9.071063	11.16962	0.252067	59.43253
	2015 年	13.03869	15.1246	1.571811	93.38541
	2016 年	12.26687	12.97028	1.029542	70.88811

表 4-7　　　　　　　　　268 家基础层企业产出指标统计描述表

指　　标		均值	标准差	最小值	最大值
净资产收益率	2014 年	6.87018	21.51648	-271.963	55.12938
	2015 年	4.621079	15.97121	-69.5354	64.76634
	2016 年	-0.76959	21.43238	-130.022	37.62676
总资产周转率	2014 年	0.789698	0.483813	0.065416	3.925667
	2015 年	0.683983	0.415933	0.041652	3.328913
	2016 年	0.623792	0.423801	0.026115	3.884032
每股收益	2014 年	0.177559	0.255686	-0.9	1.42
	2015 年	0.122758	0.29118	-0.98	1.76
	2016 年	0.052765	0.327627	-1.21	1.1

指　　标		均值	标准差	最小值	最大值
利息保障倍数	2014 年	6. 332391	17. 3178	−71. 9888	202. 8273
	2015 年	7. 250901	23. 74273	−47. 9434	302. 5098
	2016 年	11. 26547	92. 59221	−134. 988	1345. 35

4.3　融资效率测度结果和分析

本书利用 DEAP Version 2.1 软件，求得 332 个样本企业在 2014—2016 年间的融资效率值，本节将从基础层企业融资效率情况、创新层企业融资效率情况以及这两类企业在市场中的融资效率存在的不同之处三点加以研究，基于此，全方面认知新三板的融资效率状况。

4.3.1　基础层企业的融资效率分析

此类公司的融资效率分布情况如表 4-8 所示。2014—2016 年期间，基础层企业综合效率的值域范围是 [0.2，1]，其中在 [0.7，1] 范围内的企业占比依次是 87%、46%、79%，有先减后增的趋势，间接说明基础层中有不少企业的融资效率较低，尤其是 2015 年，大部分企业的综合效率出现了降低；纯技术效率的值域分布比较稳定，纯技术效率值始终保持在 [0.9，1] 范围内的企业超过 50%，这意味着大多数基础层企业的纯技术效率情况还是比较乐观的，企业在内部管理、制度建设、创新投入等方面给予足够重视，也因此取得一定的成效；规模效率在 [0.7，1] 范围内的基础层企业占比依次是 100%、71%、91%，这说明不少基础层企业在 2015 年和 2016 年的规模效率是有降低趋势的，资产规模跟不上企业的发展需求，限制了企业的进一步发展。

表 4-8　　　　　　　　　268 家基础层企业的融资效率分布情况

值域区间	2014 年			2015 年			2016 年		
	TE	PTE	SE	TE	PTE	SE	TE	PTE	SE
1	10	14	10	10	15	10	8	24	9
[0.9，1)	36	142	133	8	140	30	28	144	115

续表

值域区间	2014 年			2015 年			2016 年		
	TE	PTE	SE	TE	PTE	SE	TE	PTE	SE
[0.8, 0.9)	113	73	120	39	79	73	98	68	103
[0.7, 0.8)	74	24	5	66	20	76	78	21	18
[0.6, 0.7)	26	11		77	10	52	32	8	15
[0.5, 0.6)	7	3		41	4	15	22	3	7
[0.4, 0.5)	2			22		11	2		1
[03, 0.4)				4		1			
[02, 0.3)				1					
合计	268	268	268	268	268	268	268	268	268

从均值水平来看，基础层企业在考察期内均保持相对较高的融资效率水平，除 2015 年的综合效率值为 0.688 外，其他融资效率值均都保持在 0.7 以上，详见图 4-2。

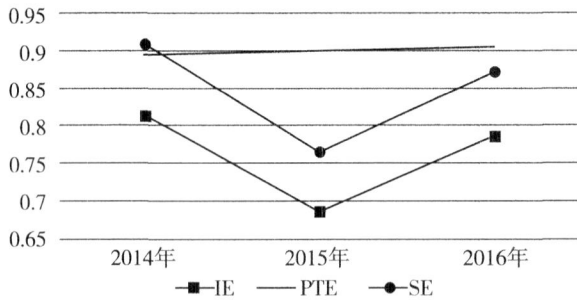

图 4-2 268 家基础层企业 2014—2016 年融资效率均值趋势图

但即便如此，基础层企业中能够达到融资有效的企业始终占少数。

2014 年度，268 家基础层企业中只存在 10 家公司同时符合完全技术有效以及规模有效的条件，也就是实现综合有效，占比 3.73%，这些企业投入无冗余已达最小，产出也不能再大，资源配置效率、资源使用效率等均达到了相对有效。不能同时满足纯技术有效和规模有效的企业属于融资非有效企业，占 96.27%，这些企业均存在不同程度的投入冗余或者产出不足，未达到最佳融资效率。① 在 DEA 融资效率模型下，企业融资非有效又可考察其纯技术有效性和规模有效性。258 家融资非有效企业中达到纯技术有效的企业有 12 家，占比 4.48%，也就是说，这些公司可通过适当优化企业现有资产规模的途径来改善企业的融资效率，这些企业可能存在资金闲置的资源浪费问题或发展资金不足的问题；规模有效而纯技术没有达到有效的企业有 8 家，占比 3.00%，这些企业要想提高融资效率，需从公司的内部治理和技术创新等方面着手，盲目地调整企业的融资规模对提高企业融资效率的作用是有限的；有 238 个样本企业属于技术效率和规模效率均没有达到有效水平，这说明这些企业既需要调整企业的融资规模，也需要从公司管理、技术创新等方面着手，这样才能提高企业的融资效率。

在 2015 年度中，268 家基础层企业中有 10 家企业达到综合有效，占比 3.73%，非有效的企业占 96.27%。纯技术有效而非规模有效的企业有 13 家，占比 4.85%，有 8 家企业属于规模有效而纯技术非有效，占 2.99%，有 237 家基础层企业既非纯技术有效也非规模有效。2015 年的市场融资效率情况与 2014 年基本一致。

同样，在 2016 年度中，268 家基础层企业中有 8 家企业达到综合融资有效，占所选企业的 2.99%，非有效的企业占 97.01%，其中纯技术有效而非规模有效的企业有 22 家，占比 8.21%，规模有效而非纯技术有效的企业有 7 家企业，其余的企业属于纯技术和规模均无效的企业。总体来看，基础层中融资有效的企业依旧占比较少，具体如表 4-9 所示。

表 4-9　　　268 家基础层挂牌企业 2014—2016 年融资效率情况

年份	状态	TE		PTE		SE	
		企业数	比重	企业数	比重	企业数	比重
2014 年	有效	10	3.73%	14	5.22%	10	3.73%
	非有效	258	96.27%	254	94.78%	258	96.27%
2015 年	有效	10	3.73%	15	5.60%	10	3.73%
	非有效	258	96.27%	253	94.40%	258	96.27%

① "最佳融资效率"即为融资达到了 DEA 有效，而未实现 DEA 有效的企业，其融资效率则尚有提升空间。

年份	状态	TE		PTE		SE	
		企业数	比重	企业数	比重	企业数	比重
2016 年	有效	8	2.99%	24	8.96%	9	3.36%
	非有效	260	97.01%	244	91.04%	259	96.64%

根据表 4-9 我们能够了解到，大部分基础层公司在 2014 年的整体效率处于低水平，这主要是受纯技术效率低值的影响，尤其是在规模效率较高时出现了纯技术效率过低的情况，如图 4-3 所示。2015—2016 年期间，纯技术效率继续保持与 2014 年相当的水平，但多数基础层企业在 2015 年的规模效率大幅降低，拉低了当年的综合效率水平，虽然有部分企业在 2016 年的规模效率得到改善，但整个基础层企业的融资效率表现仍不敌 2014 年（见图 4-4、图 4-5）。

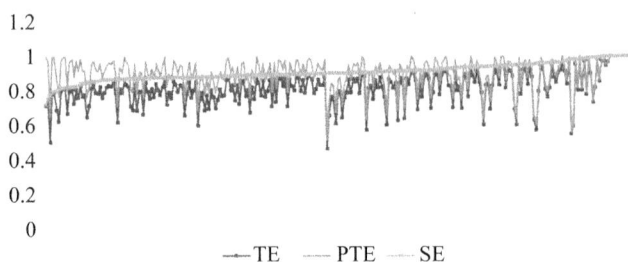

图 4-3　268 家基础层企业在 2014 年的融资效率分布图

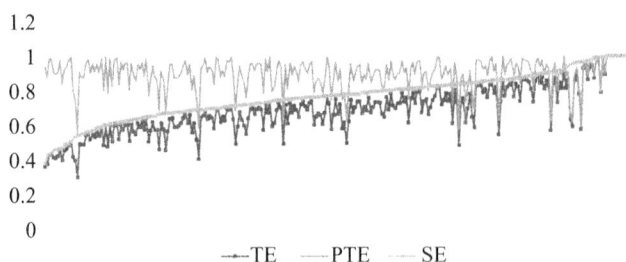

图 4-4　268 家基础层企业在 2015 年的融资效率分布图

表 4-10 给出了 2014—2016 年期间基础层企业综合效率均值、纯技术效率均值、融资效率均值的变化情况。2014—2016 年期间，纯技术效率均值依次

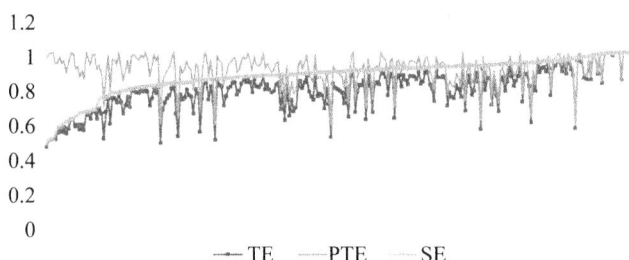

图 4-5　268 家基础层企业在 2016 年的融资效率分布图

为 0.896、0.898、0.905，始终保持小幅稳升，但变动幅度均不超过 1%；2014 年基础层企业的规模效率均值为 0.908，在 2015 年大幅下降了 15.75% 至 0.795，2016 年又上升了 13.73% 至 0.870。2014—2015 年和 2015—2016 年期间里，基础层企业的综合效率均值变化幅度依次为 -15.38%、14.39%。由此可得，从均值角度看，报告期内基础层企业综合效率的波动变化主要是受规模效率波动变化的影响，因为在这期间内的纯技术效率均值保持在 0.9 左右，始终高于规模效率，且变化幅度均不超过 1%。

表 4-10　　　　　　　　268 家基础层企业融资效率均值变化情况

同比	2014—2015 年	2015—2016 年
TE	-15.38%	14.39%
PTE	0.22%	0.78%
SE	-15.75%	13.73%

因为报告期内，基础层企业的规模效率此起彼伏波动较大，多数企业的生产规模未达到均衡状态。268 家基础层企业中规模报酬递增的企业占比依次是 94%、94%、93%，规模报酬不变的企业占比依次为 4%、4%、3%，规模报酬递减的企业占比依次为 2%、2%、4%。这说明扩大融资规模对改善基础层企业的规模效率有较大的促进作用。

4.3.2　创新层企业的融资效率分析

就创新层企业来讲，2014—2016 年期间的综合效率值域范围为 [0.5，1]，其中在 [0.7，1] 范围内的企业占比依次是 95%、72%、92%，纯技术效率在 0.7 以上的企业占比依次是 97%、91%、95%，规模效率保持在 0.7 以上水平的企业占比均为 100%。无论是综合效率、纯技术效率还是规模效率，创新层企业均有较好的表现，具体详见表 4-11。

表 4-11　　　　　　　　　　　64 家创新层企业融资效率分布情况

值域区间	2014 年			2015 年			2016 年		
	TE	PTE	SE	TE	PTE	SE	TE	PTE	SE
1	13	19	14	9	14	9	12	16	13
[0.9, 1)	19	16	49	5	15	22	14	17	49
[0.8, 0.9)	14	14		11	16	32	20	16	1
[0.7, 0.8)	15	13	1	21	13	1	13	12	1
[0.6, 0.7)	3	2		16	6		5	3	
[0.5, 0.6)				2					
合计	64	64	64	64	64	64	64	64	64

图 4-6 是 64 家创新层企业在 2014—2016 年间的融资效率均值情况。从均值水平来看，创新层企业在考察期内均保持相对较高的融资效率水平，其中规模效率的均值水平始终超过 0.9，而纯技术效率的均值水平基本稳定在 0.88 左右，规模效率的均值水平始终好于纯技术效率。

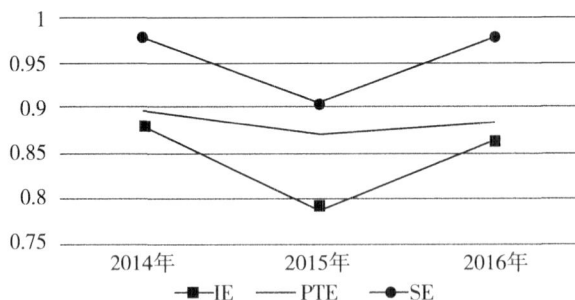

图 4-6　64 家创新层企业 2014—2016 年融资效率均值趋势图

虽然创新层企业的整体融资效率情况较好，但仍仅有少部分企业能够达到最佳融资效率水平。

2014—2016 年期间，创新层企业中达到综合有效企业占比依次为 20.31%、14.06%、18.75%，纯技术有效企业占比依次为 29.69%、21.88%、25.00%，规模有效企业占比依次为 21.88%、14.06%、20.31%，详情如表 4-12 所示。超过 70% 的企业处于融资非有效状态，这说明创新层企业要想提高自身的综合效率，就必须有针对性地调整企业的融资规模以提高规模效率，优化内部管理环境、增加创新研发投入、加强主营业务能力等以改善纯技术效率，只有这样才能整体提高企业的融资效率。

表 4-12　　　　　64 家创新层挂牌企业 2014—2016 年融资效率情况

年份	融资状态	TE		PTE		SE	
		企业数	比重	企业数	比重	企业数	比重
2014 年	有效	13	20.31%	19	29.69%	14	21.88%
	非有效	51	79.69%	45	70.31%	50	78.13%
2015 年	有效	9	14.06%	14	21.88%	9	14.06%
	非有效	55	85.94%	50	78.13%	55	85.94%
2016 年	有效	12	18.75%	16	25.00%	13	20.31%
	非有效	52	81.25%	48	75.00%	51	79.69%

从融资效率的个体分布情况来看，2014 年和 2016 年，绝大多数创新层企业的规模效率比纯技术效率要高，原因在于后者是影响总体综合效率提升的首要原因；2015 年，多数创新层企业的规模效率出现了较大的下降，进一步降低整体的综合效率，详见图 4-7 至图 4-9。

表 4-13 反映了报告期内创新层企业融资效率均值的波动变化情况。2014—2015 年期间，创新层企业综合效率均值下降 10.02%，规模效率均值下降 7.46%，而纯技术效率仅下降 2.79%；2015—2016 年期间，创新层企业综合效率均值上升 9.24%，规模效率均值上升 7.85%，而纯技术效率仅上升 1.38%。创新层企业的综合效率和规模效率的变化趋势相似，两者同步性地呈现出大降后大升的变化。

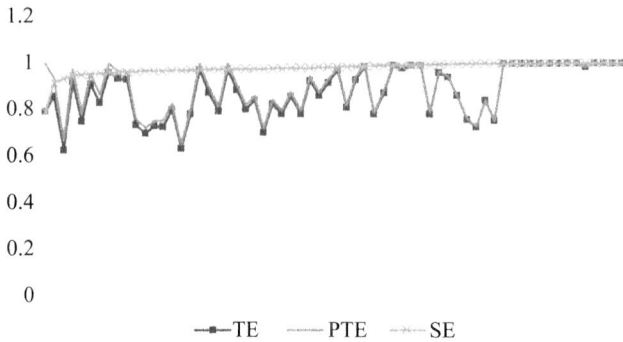

图 4-7　64 家创新层企业在 2014 年的融资效率分布图

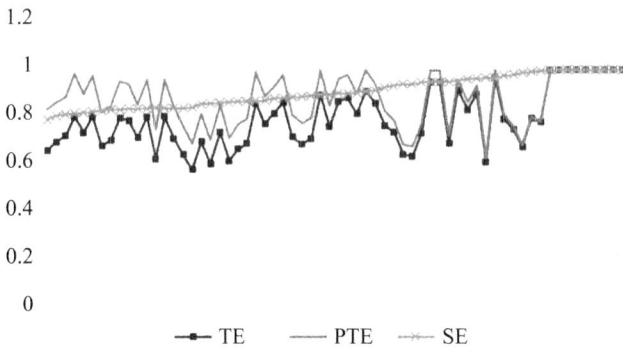

图 4-8　64 家创新层公司在 2015 年的融资效率状况图

表 4-13　　　　　　　　　**64 家创新层企业融资效率均值变化情况**

同比	2014—2015 年	2015—2016 年
TE	−10.02%	9.24%
PTE	−2.79%	1.38%
SE	−7.46%	7.85%

　　在创新层公司中，大部分公司属于规模报酬递增的形态，有些公司是属于规模报酬没有发生变动的形态，极少数处于规模报酬递减。2014—2016 年期间，64 家创新层企业中规模报酬递增的企业占比依次是 67%、78%、69%，规模报酬不变的企业占比依次为 24%、14%、20%，规模报酬递减的企业占比

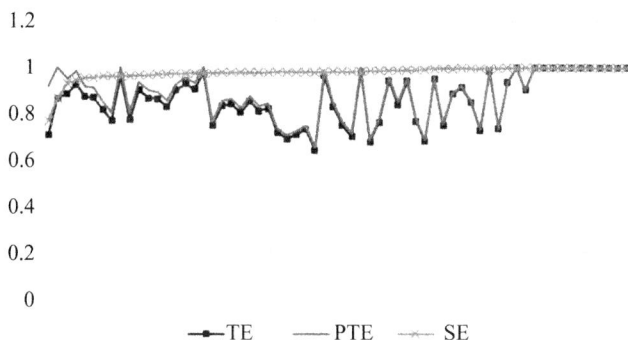

图 4-9　64 家创新层公司在 2016 年的融资效率分布图

依次为 9%、8%、11%。

4.3.3　基础层和创新层融资效率的差异

从均值水平来看，创新层企业的综合效率水平始终都要好于基础层企业。2014 年创新层和基础层的纯技术效率基本持平，依次为 0.897 和 0.896；2015 年和 2016 年创新层企业的纯技术效率均值水平都低于基础层企业，但是这三年间创新层企业的综合效率水平始终高于基础层企业，根本原因在于规模效率始终高于基础层企业，详见图 4-10 至图 4-12。

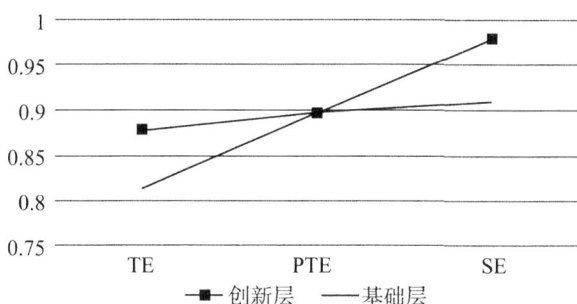

图 4-10　2014 年基础层和创新层上企业的融资效率均值对比图

2014—2015 年期间和 2015—2016 年期间，基础层企业综合效率均值的变化率依次是 −15.38%、14.39%，规模效率均值的变化率依次是 −15.75%、13.73%；创新层企业综合效率均值的变化率依次是 −10.02%、9.24%，规模

73

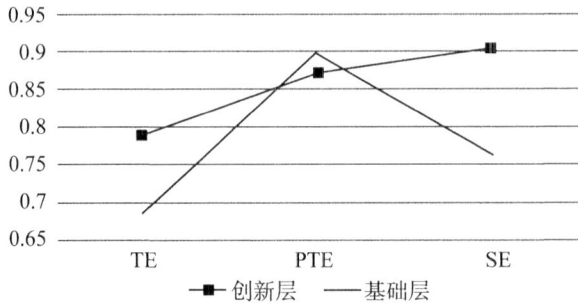

图 4-11　2015 年基础层和创新层上企业的融资效率均值对比图

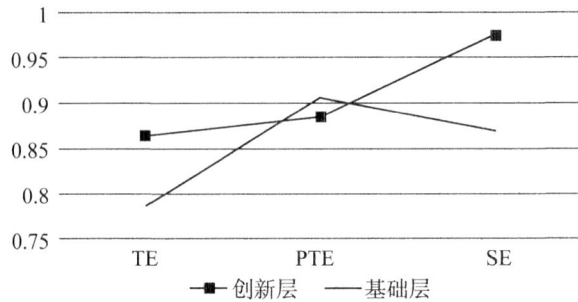

图 4-12　2016 年基础层和创新层上企业的融资效率均值对比图

效率均值的变化率依次是 −7.46%、7.85%，创新层企业融资效率的波动情况也要稍好于基础层企业。

从样本企业融资效率的值域范围也可以看出，2014—2016 年期间，创新层企业中规模效率保持在 0.7 以上水平的企业占比均为 100%，而基础层企业中规模效率在 [0.7，1] 范围内的企业占比依次是：100%、71%、91%。

从融资有效企业比例的角度来看，创新层企业中综合融资有效企业占比依次为 20.31%、14.06%、18.75%，纯技术有效企业数占比依次为 29.69%、21.88%、25.00%，规模有效企业占比依次为 21.88%、14.06%、20.31%，均好于同期基础层企业的融资效率情况，因为基础层中实现综合有效、纯技术有效和规模有效的企业占比均小于 10%。

总之，创新层企业和基础层企业的融资效率表现情况存在一定的差异，但新三板企业的融资效率情况均不容乐观。新三板市场上的多数企业需要同时提高企业的纯技术效率和规模效率，尤其是基础层企业，要把扩大融资规模放在首位，只有这样才能更好更快地提升新三板企业整体的融资效率水平。

4.4 新三板企业融资效率的影响因素研究

4.4.1 指标选取和假设提出

（1）研究指标的选取。

本节将上一节得出来的纯技术效率作为本节研究中的融资效率指标，这是因为纯技术效率是建立在 BC2 模型上算得出来的考虑了规模报酬可变因素后的融资效率，相对于综合效率来讲，更适合作为本节的研究指标，这样研究出来的结果更加适合解释新三板企业融资效率与影响因素之间的关系。

由前文综述可以看出，企业融资效率的影响要素较多，可以概括为微观因素和宏观因素两个方面，微观因素如企业的资产规模、融资结构、融资成本、治理结构等；宏观因素则包括如宏观经济、监管政策、法律法规等方面。因为宏观因素是企业自身无法改变的因素，研究难度也较大，所以本书侧重研究企业融资效率的微观因素。

本书选取了五个影响我国新三板企业融资效率的指标：一是资产负债率（负债总计/资产总计），代表企业的资产结构；二是销售成本率（营业成本/营业收入），反映企业的资金利用率情况；三是做市商数量，用来研究做市商制度对企业融资效率的影响，当企业的做市商数量为 0 时，代表企业的转让方式为协议转让，当企业的做市商不为 0 时，意味着企业选择做市转让，数量代表着企业拥有做市商数；四是第一大股东持股占比，它能够彰显出公司的股权集中度，有利于分析企业的股权布局对公司融资效率的影响；五是研发支出比例，反映企业的创新研发投入。

此外，本书还选取了四个控制变量。本书选取"销售收入"来表示企业的经济规模，因为经济规模综合体现了企业发展状态；本书选取了"资产总额"用来表现企业的资产规模大小，因为资产规模越大的企业，不仅自身可利用的资源更多，而且还有更大的风险抵御能力；本书选取了"存货周转率"来代表企业的经营能力，如果一家公司的经营能力越强，便能够证明该公司的周转能力越好，而存货周转率贯穿企业存货从购入、生产到销售的各个环节，该比率越快说明企业存货的流动性越好，可更为容易地转换成流动资金，直接提高企业的融资效率；盈利能力越强的企业为股东提供的回报越高，增加企业价值，这间接地提高了企业的融资效率，销售毛利率常被习惯性地用来代表企业的盈利能力和获利潜力，因此本书选取"销售毛利率"来代表企业的盈利能力。

（2）研究假设的提出。

按照成长周期理论和优序融资理论，公司采取筹资渠道的排序为内源筹资、债务筹资以及股权融资。新三板企业多属于成长初期的高新技术中小企业，内源融资动力不足，股权融资渠道有限，所以更多的是依赖于债务融资，新三板企业的资产负债率一般都偏高。

一般来说，负债融资不仅需要按时偿还本金，还需要定期支付利息，并且资金的用途受到借款协议的严格限制，大大降低了资金使用的自由度，并且过高的资产负债率也不利于企业融资结构的稳定，会给企业带来了财务风险。新三板企业对负债的依赖较大，并且自身的偿债能力有限，抵御风险的能力也较差。因此，本书提出资产负债率与纯技术效率呈负相关的假设。

假设 1：资产负债率（DTAR）与纯技术效率负相关。

销售成本率是营业成本与营业收入的比值，代表企业平均实现一单位收入所需要投入的成本。销售成本率越低，表示企业实现一单位的收入所花费的成本越少，则企业资金利用的效率就越高，也就是同样的资金投入带来更多的收入；此外，企业的营业收入增加，会影响企业的盈余留存，影响企业的融资结构安排。因此，本书假设销售成本率越高，其融资效率越低，两者呈负相关。

假设 2：销售成本率（STC）与纯技术效率负相关。

截止到 2017 年末，新三板企业股份流通转让的方式仅有协议和做市两种方式，做市转让相比协议转让的主要区别是在买卖双方之间再添加一个居间者"做市商"。新三板试行做市商制度的目的是希望能够活跃股票成交量、加强市场流动性，但是实施近四年之久，做市商制度并未给新三板市场的流动性带来明显的改善，主要是做市商制度的配套机制不够健全，这使得它在促进成交方面的基础功能并没有很好地发挥，此外，做市商制度的监管缺位也使得做市商的权利和义务不相匹配，市场博弈的激励和约束决定做市商的行为（何牧原、张昀，2017）。所以，本书认为现阶段企业所拥有的做市商数量越多，对企业融资效率是没有明显改善作用。

假设 3：做市商数量（NOMM）与纯技术效率负相关。

相比沪深上市企业，目前大部分的新三板挂牌企业并没有形成完善的现代化公司治理机制，众多股东的存在会加剧企业的代理成本（Grossman，Hart，1980），股权集中反而能够产生"监督效应"（Porta，1997）。事实上，新三板挂牌企业的股东人数多集中在 3～50 人，约占 77.24%，[1] 并且前十大股东持

---

[1]　根据新三板企业披露的 2017 年数据统计，股东人数在 3～50 的企业有 8983 家，占总数 11630 家的 77.24%。

股比例突破90%的挂牌企业占比高达80%以上。新三板挂牌企业在挂牌之前多为家族式企业，公司的所有者也是公司的实际控制人，一般也兼任企业的管理层，这样企业存在委托代理问题的可能性会降低。[①] 如果企业的所有者不是企业的管理人员，那么大股东的持股比例与监督管理层的动机是一致的，大股东持股比例越大就越有动机去监督管理层，促使管理层时刻关注企业的经济效益，能够有助于提升企业的融资效率（Haniffa，Hudai，2006）。

假设4：第一大股东持股比例（SR）与纯技术效率正相关。

企业的研发投入是企业提高生产力乃至核心竞争力的重要因素（Shail，Charles，Tzachi，2011），因而企业又会将提高生产效率后节约的资本再次投入研发活动以求提升企业的技术实力，间接地提高了企业的融资效率。研发投入与企业的融资效率之间呈正相关关系。

大部分的新三板企业都属于高新科技企业，科技创新是企业发展的根本动力，而研发支出比例体现了企业对其创新研发的重视程度，企业在创新研发上的支出也体现了企业的资源配置情况，是保证企业主营业务持续增长的重要条件。相对于绝对总额，更应该关注研发投入的相对大小，研发支出比例是研发支出相对于融资总额的比重，更能代表企业的研发投入情况。本书假设研发支出比例与纯技术效率有正相关作用。

假设5：研发支出比例（R&D）与纯技术效率正相关。

表 4-14 研究指标简要说明一览表

	简称	指标	含　义	与 PTE 的假设关系
因变量	PTE	纯技术效率	代表企业的融资效率	—
自变量	DTAR	资产负债率	代表企业的融资结构	负
	STC	销售成本率	代表企业实现单位收入所投入成本	负
	NOMM	做市商数量	代表股份转让方式及做市商的数量	负
	SR	第一大股东持股比例	代表企业的股权集中度	正
	R&D	研发支出比例	代表研发投入在总资产中的比重	正

---

① 根据委托代理理论，委托代理问题是由于企业的委托人和代理人目标不一致而产生的。

续表

	简称	指标	含　义	与 PTE 的假设关系
控制变量	SARE	销售收入	代表企业的经济规模	—
	TA	资产总额	代表企业的资产规模	—
	IT	存货周转率	代表企业的营运能力	—
	SGM	销售毛利率	代表企业的盈利能力	—

4.4.2　研究样本和模型构建

根据前一节的研究结果，发现基础层企业与创新层企业的融资效率始终存在不同程度的差异。为了使研究结果更为准确，本节拟从基础层和创新层两个层面分别建立融资效率与影响因素的回归方程，探究影响要素与企业融资效率之间的相互作用关系，根据此研究结果提出来的政策建议将更加有针对性地改善新三板企业融资效率。考虑到数据的可获得性，本书选取 4.2.1 节中选取的 64 家创新层企业和 268 家基础层企业样本企业在 2016 年的截面数据加以分析。

参考上文中讲述的新三板公司融资效率的影响要素与假定，本书建立了下面的 Tobit 多元线性回归模式：

（1）创新层企业。

$$PTE_i = \alpha_i + \beta_1 DTAR_r + \beta_2 STC_i + \beta_3 NOMM_i + \beta_4 SR_i + \beta_5 R\&D_i + \beta_6 SARE_i + \beta_7 TA_i + \beta_8 IT_i + \beta_9 SGM_i + U_i \tag{4-4}$$

（2）基础层企业。

$$PTE_j = \alpha_j + \beta_{10} DTAR_j + \beta_{11} STC_j + \beta_{12} NOMM_j + \beta_{13} SR_j + \beta_{14} R\&D_j + \beta_{15} SARE_j + \beta_{16} TA_j + \beta_{17} IT_j + \beta_{18} SGM_j + U_j \tag{4-5}$$

4.4.3　结果分析和稳健性检验

（1）实证结果。

本书通过软件 Eviews7.2 软件，对 64 家创新层企业和 268 家基础层企业进行 Tobit 回归分析，限于篇幅原因，本书仅就自变量进行说明，结果如表 4-15 所示。

表 4-15   **Tobit 回归结果**

项数	创新层		基础层	
	系数	P 值	系数	P 值
α	1.266767*	0.0000	0.940873*	0.0000
DTAR	-0.002785*	0.0008	-0.00177*	0.0000
STC	-0.00517*	0.0000	-2.32E-05	0.9328
NOMM	-0.005167*	0.0057	-0.01092*	0.0000
SR	0.001997**	0.0166	0.000895*	0.0028
R&D	1.699738*	0.0001	0.828937*	0.0000
Adjusted-R^2	0.884063		0.905261	

注: * 、** 分别表示在 1%、5% 的置信水平下显著（双尾检验）。

该模型主要考察企业的融资结构、资产利用率、公司治理结构、做市商制度、研发投入等方面因素对企业融资效率的影响。就创新层企业的回归结果来看，经调整后的 R^2 为 0.884063，说明模型的整体线性不错，拟合度较高；自变量的所有回归系数都在 5% 的显著性检测中达标了，证明此类自变量对因变量存在极大的影响。基础层的解释变量对被解释变量的作用方向与创新层企业的相同，但作用大小有些差异，且销售成本率不通过检验。

就资产负债率（DTAR）来看，创新层企业的系数是 -0.002785，而基础层企业的系数是 -0.00177，均通过 1% 的显著性水平，说明资产负债率对创新层企业融资效率的抑制作用要强于基础层企业；创新层企业销售成本率（STC）的系数是 -0.00517，通过 1% 的显著性水平检验，但基础层企业该项的系数非常小，且不通过显著性水平下检验；就做市商数量（NOMM）来看，创新层企业的系数是 -0.005167，而基础层企业的系数是 -0.01092，两者均在 1% 的显著性水平下通过检验，说明目前做市商制度在新三板市场上发挥改善流动性的作用甚微；创新层企业第一大股东持股比例（SR）的系数是 0.001997，通过 5% 的显著性水平检验，而基础层企业的系数 0.000895，通过 1% 的显著性水平检验；就研发支出比例（R&D）来看，创新层企业的系数是 1.699738，而基础层企业的系数是 0.828937，并且两者都通过 1% 的显著性水平，说明研发支出的提高对提升企业融资效率具有较大的促进作用。

（2）结果分析。

具体来看，资产负债率的系数均为负，而且统计变量均在1%的显著水平下通过，这与前文假设1相符。现阶段非上市中小企业的主要融资来源于外部负债，新三板企业毫不例外。股权转让流通性有限，股权融资效果不佳，而且企业多处于成长阶段，内源融资相对较少，所以企业融资多选择负债方式。大部分新三板企业的负债水平已处于高位，如果继续增加负债融资，会加大企业债务成本，融资结构的失衡也可能触发财务风险。因此，本书得出了资产负债率对企业融资效率有反向抑制作用，新三板企业在融资的时候要尤其关注负债水平，尽量谋求多元化融资。

销售成本率的系数均为负，代表企业获得单位收入的成本越低，企业的融资效率越高，这与假设2一致。当企业为获取单位收入所需垫付的成本低时，一方面说明企业非常重视融资后的资金运作和管理，另一方面销售成本率越低，同样的资金成本将带动更多的营业收入，间接提高企业资金的周转率和利润。所以说，销售成本率与企业融资效率负相关。但是基础层企业的系数是不通过显著性检验的，这说明基础层企业的销售成本率与融资效率间没有显著的负相关关系。报告期内，基础层企业的销售成本率分散程度较大，值域区间为[3.2297，173.0621]，数据的随机性波动较大。

做市商变量的系数均为负，统计变量在1%的显著水平下通过检验。结果表明现阶段做市商制度对改善新三板市场流动性的效果还不明显，与前文假设3相符。这可能与现阶段做市商制度下的新三板公司流动性困境有关，做市商制度的引入对新三板市场的流动性带来了一些积极影响，但是与制度相匹配的配套条件不够齐全，所以做市商制度实施带来了弊大于利的综合效果，主要有以下四方面原因：①做市商数量过少。尽管部分私募机构已试点成为做市商，①但做市商的主力军还是证券公司，做市商数量整体偏少，做市商比例远远低于纳斯达克，无法满足庞大的新三板市场的做市需求，使得价格有效竞争

---

① 股转系统于2016年9月开始执行私募机构开展做市业务的试点方案（http：//www.neeq.com.cn/notice/3157.html）。

不足；②流通股较少。流通股比例太少使得股权难以流通，目前新三板的流通股比例基本保持在 20% 以下，数量极少，使得大额交易较少，而做市商制度一般比较适用于大额交易，可带来降低交易成本的效果；③监管部门的监督缺失。一方面，由于做市商的利润主要来自于企业股票的交易佣金，所以做市商对做市股票的选定要求较高，直接拒绝了部分企业的做市需求，违背了做市商制度在新三板市场上的功能发挥。另一方面，做市商通过信息优势在一级市场囤积廉价的质优股，为了赚取利润而不愿意出售，违背其双向报价、提供流动性的职能定位；④交易门槛过高，使得许多普通投资者难以参与到新三板市场中；准入门槛过低，企业资质不佳，使得许多机构投资者不愿意参与到新三板市场中。

第一大股东持股比例的系数为正，而且统计变量均在 5% 的显著水平下通过检验。这说明现阶段股权集中对新三板企业融资效率有一定的正面影响。虽然多数新三板企业已经开始建立并逐步完善现代化的公司治理机制，如董事会、监事会、股东大会等机制，但和沪深上市企业相比，公司的治理机制仍需进一步完善。众多股东的存在反而加剧新三板企业的代理成本，而股权集中则可能产生监督的效果，因为多数新三板企业在挂牌之前为家族式企业，大股东是企业的所有者和实际控制人，也可兼任企业的管理层，这样企业存在委托代理问题的可能性会降低；如果企业的所有者不是企业的管理人员，那么大股东的持股比例与监督管理层的动机是一致的，大股东持股比例越大就越有动机去监督管理层，促使管理层时刻关注企业的经济效益，能够有助于提升企业的融资效率。另外，股权高度集中是新三板企业的特征之一，降低新三板股权集中度离不开企业和有关部门相互配合。

研发支出比例的系数均为正，而且统计变量在 1% 的显著水平下显著通过，这说明一个企业的研发支出对其融资效率的提升是有正向促进作用的。从平均水平来看，2014—2016 年期间，新三板企业的研发投入保持稳步增长，对研发投入越加重视，但研发支出始终处于低水平，并且增长率也较小。所以新三板挂牌企业都可以试图通过增加研发支出来提高本企业的融资效率，不过创新层企业的研发投入对其融资效率的促进作用要大于基础层。

（3）稳健性检验。

稳健性检验是指每个回归模型得出结果后需要验证结果的稳定性。同样，本书为了检验 Tobit 模型所得到的结果是否存在偶然性，接下来进行稳健性检验。

稳健性检验一般可以从数据、变量、计量方法三个角度进行验证，本书从变量替换的角度进行检验，构造做市商（ZSS）这一新变量替换为做市商数量（NOMM）这组数据，当企业选择做市转让时，该项取值为 1，如果是协议转让时，该项取值为 0，检验结果如表 4-16 所示。

表 4-16　　　　　　　　　　　**Tobit 回归分析结果**

项数	创新层		基础层	
	系数	P 值	系数	P 值
α	1.23001*	0.0000	0.929318*	0.0000
DTAR	−0.002526*	0.0041	−0.001709*	0.0000
STC	−0.004697*	0.0000	−2.03E−07	0.9994
ZSS	−0.047126**	0.0477	−0.041694*	0.0000
SR	0.001822**	0.0389	0.001018*	0.0012
R&D	1.838436*	0.0000	0.909153*	0.0000
Adjusted-R^2	0.884063		0.905261	

注：*、** 分别表示在 1%、5% 的置信水平下显著（双尾检验）。

将新模型的检验结果与原模型的结果比较发现，无论是创新创业还是基础层企业，新旧模型得出来的结果都保持高度的一致性。就创新层企业而言，研发支出比例、第一大股东持股比例、销售成本率、资产负债率、做市商制度等因素全部都通过显著性检验；除研发费用比例、第一大股东持股比例外，其他变量均与企业的融资效率呈负相关关系。从基础层企业来看，第一大股东持股比例、研发支出比例、做市商制度和资产负债率均在 1% 的显著水平下通过检验，和原模型一样，而销售成本率不通过检验。

总而言之，新模型基本与原模型结果保持一致，说明原实证结果具有一定的稳健性，非纯偶然性结果。

4.5　本章小结

本章主要进行了新三板企业融资效率的测度及其影响因素的研究，以 64 家创新层企业和 268 家基础层企业为样本，方法上采用 DEA 模型，实证结果发现：新三板企业的融资效率水平较高，但达到融资有效的企业占比偏低，新三板企业融资效率的变化主要受规模效率的影响；另外，创新层中融资有效的企业占比要高于基础层，基础层企业的融资效率水平始终小于创新层是因为基础层企业的规模效率水平始终较低，这说明基础层企业更应该注重规模效率的提高，优化企业融资规模。接着，本书运用 Tobit 多元回归模型探究融资效率与影响因素之间的作用关系，结果发现：无论是创新层企业还是基础层企业，研发费用比例、第一大股东持股比例均与企业融资效率呈正相关关系，销售成本率、资产负债率、做市商制度均与企业的融资效率呈负相关关系。

第5章　新三板挂牌企业融资效率分行业分析

与其他相关研究相比，本书不仅对新三板挂牌企业的融资效率进行了整体分析，而且对样本企业分行业进行了更细致的研究，更有针对性；而且本书的样本量更大，使得研究结果更有普遍性，更加准确。本书的行业分类依据《挂牌公司投资型行业分类指标》，在这种分类标准下，新三板挂牌的工业型企业多是科技含量不高的传统工业，更能体现科技含量对融资效率的影响。

5.1　新三板行业分类及概况

5.1.1　行业分类标准

截至 2017 年 12 月底，新三板挂牌公司达到 11630 家，其中基础层 10277 家，创新层 1353 家，远超中小板和创业板上市企业数量。企业在新三板市场的挂牌热情高涨，但是企业在新三板挂牌后融资效率如何，不同行业间的融资效率是否存在差别，挂牌企业融资效率的变化趋势却不得而知，这引发了诸多学者的研究与讨论。

本书不仅对新三板市场挂牌企业的融资效率进行了整体的分析，还着重分析了占比最大、特点鲜明的信息技术型企业和传统工业型企业在新三板市场上融资效率的差异。本书还从纵向上分析了 2014—2016 年新三板信息技术型和工业型挂牌企业融资效率的变化情况，以观察企业的融资效率是否有进步。

本书选用投资型行业分类方法，是新三板行业分类标准之一，它的分类依据是《GICS 全球行业分类标准》。本书选择的信息技术型和工业型企业属于一级分类，两个行业的数量占新三板挂牌企业总数量的 56%。其中信息技术行业可以细分为软件与服务、技术硬件与设备、半导体产品与设备三个二级行业；工业行业可以细分为商业和专业服务、资本品、运输三个二级行业，在投资型行业划分标准下，新三板挂牌的工业型企业多是机械制造、建筑与工程、电气设备、交通基本设施、公路与铁路类企业，属于科技含量不高的传统工业。

5.1.2 行业概况

信息技术业是一个新兴的行业，它以现代科学理论和技术为基石，是一个高科技性质的服务行业，属于知识密集型行业。如今是一个信息化、数字化的时代，信息技术是这个时代的重要力量，体现着一个国家的综合实力。2010年，信息技术产业被定为我国七大新兴产业之一；"十三五"规划中，信息技术产业更被认为是我国重要的五大产业之一。信息技术行业有着高投入、高风险、高收益的特点。因为需要的技术水平高，技术更新快，就要投入更多的研发资金和人力成本，一旦研发成功，可以进入市场获得大量收益；但是如果研发失败，就面临着鸡飞蛋打的风险。因其上述特点，中小型的信息技术型企业在初创期很难筹得所需资金。进入新三板市场融资，为解决信息技术型中小企业的融资难问题提供了良好的解决办法。

工业是把自然资源和原材料加工成产品的产业，它是我国国民经济中最重要的物质生产部门之一，可以分为轻工业和重工业。工业的发展已经经历了从手工业到机器工业再到现代工业的过程。现代工业提倡用现代化的工具和手段管理工业，实现自动化，提高劳动生产力。新三板挂牌的工业型企业多是机械制造、建筑与工程、电气设备、交通基本设施、公路与铁路等，是资本密集型企业，没有很高的科技创新含量。

本书选取信息技术型企业和工业型企业作为研究对象，是因为信息技术业和工业是新三板挂牌企业中占比最大的两个行业，共占新三板挂牌企业的一半以上。而且，这两个行业一个是备受人们瞩目、政策鼓励的高科技行业，一个是存续已久的传统工业，很有代表性。把工业作为传统行业的代表，研究它的融资效率，比较其与信息技术型企业融资效率的差异，并且分行业分析近年来新三板挂牌企业融资效率的变化情况，如果存在差别，对融资效率更高的行业提供融资的优惠政策，可以优化资源配置，显得很有意义。

5.2 模型构建及描述性统计

5.2.1 模型选取及样本选择

本书在研究企业的静态融资效率时主要采用的是 DEA 模型中的 CCR 和

BCC 模型，CCR 模型是假设规模效率不变的 DEA 模型，它不考虑规模效率对技术效率的影响，测度的是综合技术效率 TE。BCC 模型放宽了 CCR 模型的假设，它认为规模效率是可变的，测度的是纯技术效率（PTE）和规模效率（SE）。其中纯技术效率表示相同的规模效率下，企业内部管理、技术等因素影响的生产效率。规模效率指企业目前规模下的产出与最优规模下的产出的差别。本书在研究企业动态融资效率时采用的是 DEA 模型中的 Malmquist 模型。

DEA 模型使用注意事项在于：

（1）样本的个数必须大于输入指标和输出指标之和的两倍。

（2）输入的数据必须都为正数，不能是负数或者零。查阅参考文献，针对这种情况，大部分学者采用了无量纲化处理方法，如沈江建、龙文（2015）。因此本书对净资产收益率中出现的负值进行无量纲化处理，使之变为 [0.1，1] 中的数值。处理数据所用公式如下：

$$X_{ij}^* = 0.1 + \frac{X_{ij} - \min(X_{ij})}{\max(X_{ij}) - \min(X_{ij})} * 0.9 \tag{5-1}$$

其中，$\min(X_{ij})$ 表示输入指标 i 的最小值，$\max(X_{ij})$ 表示输入指标 i 的最大值。

本书选取 2014 年之前（含 2014 年）在新三板挂牌并且有过融资行为的企业 2014—2016 年的财务数据进行实证研究。样本数据的来源是 Wind 资讯以及全国中小企业股份转让系统中公布的企业年报。样本剔除了在新三板市场上挂牌但没有实际融资行为的企业，剔除了 ST、ST* 企业以及财务数据不完整的企业，因为金融类企业不属于实体经济，现金流巨大，资产与其他行业不具备可比性，所以也剔除掉金融类企业，最后得到全行业的样本企业 274 家，其中信息技术型样本企业 130 家，工业型样本企业 63 家。由于在 2013 年前（含）在新三板挂牌并有过融资行为的企业数量过少，不能满足本书分行业分析的样本数量要求，因此选取 2014 年前（含）在新三板挂牌并有过融资行为的企业。

5.2.2　指标选择与数据处理

5.2.2.1　指标选择的原则

（1）科学性。科学性是判断事物是否符合客观事实的标准，指标的选择应该有一定的理论支持，选取的指标应该和融资效率的评估有关。本书根据融资效率的影响因素来进行指标选择，从多个角度选择输入输出指标，使得分析尽可能全面、准确。

（2）可得性。新三板市场成立时间相对较短，数据的收集相对较困难。因此在选取指标时，应该考虑到数据的可得性，确保可以收集到完整、准确的数据，这是完成实证分析的基础。

5.2.2.2 指标选取

根据以上原则，本书选择了以下投入、产出指标（见表5-1）：

表5-1 指标选取

指 标	指标序号	指标名称
输入指标	X1	资产总额
	X2	资产负债率
	X3	主营业务成本
	X4	财务费用
输出指标	Y1	加权净资产收益率
	Y2	营业收入增长率
	Y3	总资产周转率

投入指标的选择分析如下：

（1）资产总额（X1）。资产总额能够体现出公司筹集资金的交易效率。一方面，它能够彰显公司的具体规模，规模大的企业往往拥有更多能用于抵押的资产，受信任程度高，能够更容易、以更低的成本取得所需资金；另一方面，资产总额不但能反映企业经营发展所需的资本，而且也涵盖了新融入的资金，是企业融资成果的体现。因此，我们把资产总额作为一个研究企业融资效率的投入指标。刘玲利、王聪（2010）、潘永明、喻琦然（2015）等在研究企业的融资效率时都选用了资产总额作为输入指标。

（2）资产负债率（X2）。资产负债率是企业总负债与总资产的比值，可以衡量企业的资本结构，根据MM理论、均衡理论等，一定的负债可以为公司提供杠杆效果，可以帮助增加公司的价值。然而倘若负债的占比太高，便会给其带来财务风险。李芳、王超（2014），方先明、吴越洋（2015）等学者在研究企业的融资效率时选用了资产负债率作为DEA模型的输入指标。

（3）主营业务成本（X3）。该项成本对公司的收入与产出有直接的影响，体现了企业融资的配置效率。因为主营业务成本是与企业销售产品、提供服务的主营业务有关的成本，可以反映企业把融到的资金运用到经常性的与企业产出、利润有关的活动中的情况。郑念宇（2017）、吕子文、吴海燕（2017）等人在研究新三板企业的融资效率时都选用了主营业务成本作为输出指标之一。

（4）财务费用（X4）。财务费用是企业为了自身生产经营活动的需要筹集资金所需的费用，可以反映企业融资的交易效率。郑念宇（2017）、罗春燕、张品一、李欣（2016）曾使用财务费用作为衡量新三板挂牌企业融资效率的输入指标。

产出指标的选择分析如下：

本书界定的融资效率是企业用最小成本获得所需资金并且把资金配置到生产经营各个环节中以取得最高收益的能力。模型指标的选取从企业收益率、成长性以及资金使用效率几个方面来衡量企业的收益情况。通过阅读相关文献，学者们在衡量企业融资效率时多选择以下几个指标作为 DEA 模型的输出指标。

（1）净资产收益率（Y1）。本书采用的是加权净资产收益率，体现了公司所获得的资金在生产过程中的盈利状况，是用来衡量股东资金使用效率的重要指标。其计算公式是：

加权净资产收益率＝报告期净利润／（期初净资产＋报告期净利润÷2＋报告期发行新股或债转股等新增净资产×新增净资产下一月份起至报告期期末的月份数÷报告期月份数－报告期回购或现金分红等减少净资产×减少净资产下一月份起至报告期期末的月份数÷报告期月份数）

加权净资产比值越高，说明投资带来的收益越高，企业盈利能力越强，资金使用效率越高。

（2）营业收入增长率（Y2）。该值的计算是从当年营业收入减去上年营业收入的结果与上年营业收入的比值中得来的。营业收入是企业在销售物品，提供劳务的等日常经营活动中形成的经济利益的流入，是企业收入的主要来源。营业收入增长率反映了企业的成长情况和发展潜力。

（3）总资产周转率（Y3）。该项指标为公司营业总收入除以公司平均资产总额所得到的结果，它可以评估公司的营运能力，代表着企业在生产经营过程中资本从投入到产出的流转速度。总资产周转率越高，说明企业资产的管理质量和使用效率越高，企业的资金使用效率越高。

5.2.2.3 数据处理

DEA 模型要求输入、输出的指标都为正数，本书选取的财务费用（X4），加权平均净资产收益率（Y1）和营业收入增长率（Y2）三个指标有负数出现，所以使用上文提到的无量纲化处理方法对所有指标进行处理，把样本数据都化为 [0.1，1] 中正数。

5.2.3 描述性统计

本书选择了 274 个新三板挂牌企业作为样本企业，它们的均值在 2014 年为 1.51 亿元，到 2016 年增长到 2.49 亿元，增长了近 1 亿元，可见三年间新三板挂牌企业的规模是在不断扩大的。同样的，企业的主营业务成本也在逐年增加，说明企业把融到的资金更多地运用到和主营业务有关的生产经营活动中去。企业的营业收入增长率从 2014 年到 2015 年是上升的，但从 2015 年到 2016 年是下降的，2016 年，星河科技的营业收入增长率竟然达到了 1567.11%，这主要是因为星河科技在 2016 年先后开设了 3 个子公司，拓展了公司业务范围，增加了公司竞争力。274 家企业的平均资产负债率为 30% 左右，其中资产负债率最高的企业可达 90% 左右，而最低的只有 1% 左右，企业间的差别很大。值得注意的是，从 2014 年到 2016 年，挂牌企业的加权净资产收益率是在不断下降的，2014 年，平均加权净资产收益率为 14.48%，到了 2016 年，只有 1.46%。相关数据如表 5-2 至表 5-4 所示。

表 5-2　　　　　　　　　　　输入、输出指标平均值

指　标	2014 年	2015 年	2016 年
资产总额（元）（X1）	151440939.2	219944670.9	248782357.9
资产负债率（X2）	37.81%	30.92%	32.61%
主营业务成本（元）（X3）	70485709.67	81825297.22	97259066.05
财务费用（X4）	1870082.90	1634527.53	1636222.43
加权净资产收益率（Y1）	14.48%	9.54%	1.46%
营业收入增长率（Y2）	26.85%	29.82%	26.13%
总资产周转率（次）（Y3）	0.89	0.73	0.66

资料来源：从 Wind 资讯、企业年报获得基础数据，整理计算得来。

表 5-3　　　　　　　　　　　　输入、输出指标最大值

指　　标	2014 年	2015 年	2016 年
资产总额（元）（X1）	2051311149.06	2249532997.30	1792962496.81
资产负债率（X2）	99.97%	81.62%	89.88%
主营业务成本（元）（X3）	1038914650.11	1015211698.33	1142299740.34
财务费用（X4）	46675577.03	53327991.66	70398627.53
加权净资产收益率（Y1）	85.12%	94.03%	45.94%
营业收入增长率（Y2）	341.87%	400.38%	1567.11%
总资产周转率（次）（Y3）	3.48	2.43	5.23

资料来源：从 Wind 资讯、企业年报获得基础数据，整理计算得来。

表 5-4　　　　　　　　　　　　输入、输出指标最小值

指　　标	2014 年	2015 年	2016 年
资产总额（元）（X1）	6871562.62	4657941.03	4996770.64
资产负债率（X2）	1.14%	0.25%	1.30%
主营业务成本（元）（X3）	208897.90	168426.70	174303.30
财务费用（X4）	−2501117.47	−4030509.68	−5861682.92
加权净资产收益率（Y1）	−289.36%	−84.63%	−187.06%
营业收入增长率（Y2）	−75.10%	−88.85%	−92.35%
总资产周转率（次）（Y3）	0.01	0.02	0.02

资料来源：从 Wind 资讯、企业年报获得基础数据，整理计算得来。

规模最大的企业中海阳资产总额可达 20.5 亿元，而规模最小的企业其资产总额仅有 500 万元；企业间主营业务成本的差距也很大，由此可以看出，新三板挂牌企业的规模有很大差距。不仅仅是规模，在盈利能力、成长能力上，挂牌企业的差距也很大，有高盈利、成长性强的明星企业，也有低盈利、成长力弱甚至会出现倒退的后进企业。

本书选取的 274 家样本企业涵盖了工业，信息技术，原材料，医疗保健，日常消费品等多个行业，其中有 130 家信息技术型企业和 63 家工业型企业。

表 5-5、5-6 是信息技术型和工业型企业的输入、输出指标的均值。从企业规模上来看，工业型企业的资产总额均值比信息技术型企业略高，并且两个行业的企业在 2014—2016 年都在持续扩大规模。工业型企业的资产负债率比信息技术型企业的资产负债率更高，这是因为工业型企业需要在短时间内集中更多地资金购买固定资产、原材料以满足生产需要，自身资金容易不足，因此会更多地进行负债。信息技术型企业的财务费用与工业型相比更低，这也印证了工业型企业需要更多的融资去购买固定资产的观点。两个行业的加权净资产收益率在 2014—2016 年都在逐渐下降，工业型企业的加权净资产收益率均值要高于信息技术型企业。在成长性方面信息技术型企业优于工业型企业，尤其是在 2016 年，信息技术型企业的营业收入增长率均值达 39.42%，而工业型企业只有 1.37%。信息技术型和工业型企业的总资产周转次数差距并不大，说明两个行业企业的资产利用效率接近。

表 5-5　　　　　　　信息技术型企业输入、输出指标均值

指　　标	2014 年	2015 年	2016 年
资产总额（元）（X1）	116589354.42	188779708.67	218098835.12
资产负债率（X2）	33.56%	26.05%	28.59%
主营业务成本（元）（X3）	46102782.96	56718802.44	74890676.70
财务费用（X4）	804016.85	506236.74	405594.73
加权净资产收益率（Y1）	12.10%	9.58%	−0.48%
营业收入增长率（Y2）	24.56%	39.64%	39.42%
总资产周转率（次）（Y3）	0.87	0.74	0.7

资料来源：从 Wind 资讯、企业年报获得基础数据，整理计算得来。

表 5-6　　　　　　　工业型企业输入、输出指标均值

指　　标	2014 年	2015 年	2016 年
资产总额（元）（X1）	141975398.29	196862992.11	221729813.43
资产负债率（X2）	45.67%	39.14%	39.73%
主营业务成本（元）（X3）	91001945.19	101351244.43	107792091.19

指 标	2014 年	2015 年	2016 年
财务费用（X4）	1799556.11	1507482.26	1552030.14
加权净资产收益率（Y1）	16.83%	11.78%	1.97%
营业收入增长率（Y2）	31.37%	26.88%	1.37%
总资产周转率（次）（Y3）	0.97	0.8	0.62

资料来源：从 Wind 资讯、企业年报获得基础数据，整理计算得来。

5.3 新三板挂牌企业融资效率分行业静态分析

5.3.1 所有行业融资效率实证分析

DEA 方法的 CCR 模型主要是用来评估复合技术效率（TE），BCC 模型则主要是用来评估纯技术效率（PTE）以及规模效率（SE）。本书使用了 DEAP 2.1 软件的 BCC、CCR 模型，分别把经过处理的 274 家全行业样本企业，130 家信息技术型样本企业以及 63 家工业型样本企业的数据导入软件，得到了 2014 年、2015 年以及 2016 年整体挂牌企业、信息技术型挂牌企业与工业型挂牌企业的 TE、PTE、SE 信息，并且得到了企业的规模报酬信息。

根据表 5-7，综合技术效率为 1 的企业在 2014 年、2015 年、2016 年分别有 16 家、18 家、37 家，只占总体 274 家样本企业的 5.84%、6.57% 和 13.50%。企业的综合技术效率为 1，说明企业的投入产出不但实现技术有效，还实现了规模有效，正好落在有效生产前沿上，此时，企业的技术水平、运营能力、管理能力等正好和企业的规模相匹配，企业没有投入冗余，也没有产出不足。当综合技术效率为 1 时，企业的纯技术效率和规模效率也为 1。从比例上来看，实现综合技术有效的企业是很少的，大部分企业在自身的技术水平、经营管理或者规模上都有改进的空间。但是从 2014 年到 2016 年，实现综合技术有效的企业占比在不断增加，说明挂牌企业的融资效率在近三年来是不断提高的。

表 5-7   全行业企业融资综合技术效率

综合技术效率 TE	2014 年		2015 年		2016 年	
	数量	比例	数量	比例	数量	比例
TE = 1	16	5.84%	18	6.57%	37	13.50%
TE<1	258	94.16%	256	93.43%	237	86.50%
合计	274	100.00%	274	100.00%	274	100.00%

表 5-8 是企业的纯技术效率，纯技术效率有效的企业在 2014 年、2015
年、2016 年的占比分别为 15.69%、12.41%、16.06%，与综合技术效率为
1 的企业比例相比有所提高。纯技术效率是假定最优规模时投入要素的生产
效率，是企业由于管理和技术的原因影响的生产效率。纯技术效率为 1 而综
合技术效率不为 1，说明企业融资非有效是由企业的规模和最优规模的差距
造成的。如果企业处于规模报酬递增阶段，可以通过增加融资投入来提升融
资效率；倘若公司位于规模报酬递减时期，表明公司的技术条件、管理能
力、运营能力等追不上企业的规模扩张速度，企业投入的要素没有得到有效
的协调运用，使得生产效率降低，从而产出增长小于投入增长，此时提高企
业的管理能力、技术水平、避免盲目的融资，盲目扩大规模，可以提升其融
资效率。

表 5-8   全行业企业融资纯技术效率

纯技术效率 PTE	2014 年		2015 年		2016 年	
	数量	比例	数量	比例	数量	比例
PTE = 1	43	15.69%	34	12.41%	44	16.06%
PTE<1	231	84.31%	240	87.59%	230	83.94%
合计	274	100.00%	274	100.00%	274	100.00%

规模效率为公司眼下规模和最佳规模的生产效率之间的差异。当企业的规
模报酬不变时，也就是企业产量变动比例和企业投入变动比例相同时，企业的
规模效率为 1。表 5-9 是企业的规模效率情况，企业规模效率有效的比例和综
合技术效率有效的比例很类似，并且都小于纯技术有效的企业比例，这表明有

的新三板挂牌公司难以实现综合技术有效是规模效率非有效造成的。按照对信息加以研究得到的结果了解到，大多数新三板上市公司位于规模报酬递增时期，少数位于递减时期，对于规模报酬递增的企业，可以进一步增加企业融资投入；对于规模报酬递减的企业，应该改进技术和管理，使得投入的要素能更好地协调，更好地提高融资效率。

表 5-9　　　　　　　　　全行业企业融资规模效率

规模效率 SE	2014 年		2015 年		2016 年	
	数量	比例	数量	比例	数量	比例
SE = 1	16	5.84%	18	6.57%	44	16.06%
SE<1	258	94.16%	256	93.43%	230	83.94%
合计	274	100.00%	274	100.00%	274	100.00%

整体看来，在新三板挂牌的企业实现综合技术有效的数量较少，即能够达到投入产出最佳比例的企业数量很少，但是 2014—2016 年，达到综合技术有效的企业数是在不断上升的。研究企业的融资效率，除了分析企业实现技术有效的情况外，还应分析企业融资效率的均值。表 5-10 的融资效率划分标准来自魏权龄（2004）等人。

表 5-10　　　　　　　　　融资效率梯度划分标准

$R=1$	$0.8 \leq R<1$	$0.5 \leq R<0.8$	$0 \leq R<0.5$
相对有效状态	较有效状态	较无效状态	相对无效状态

根据以上融资效率的划分标准，融资效率值为 1 的时候，企业的融资效率相对处于有效状态，企业的融资行为已达到最优，融资效率值为 0.8 到 1 时，企业的融资效率相对处于效率较高的状态，当融资效率值为 0.5 到 0.8 时，企业的融资效率有些偏低，此时企业可以根据纯技术效率和规模效率的分解比较来判断是内部管理因素还是整体规模因素导致了融资效率偏低的情况，而企业的融资效率值低于 0.5 时说明企业的融资效率非常低，需要花费大量的时间和精力结合理论和本企业的实际来分析融资效率低下的主要原因并加以改善。

由表 5-11 可知，2014 年、2015 年企业的综合技术效率都处于 [0.5，0.8)，属于较无效状态。2016 年，企业的综合技术效率处在 [0.8，1)，属于较有效状态。2015 年企业的融资效率降低，关键原因在于规模效率的降低。总体而言，新三板上市公司的整体融资效率相对较低，尤其是表现完美，能够达到投入无冗余，产出无不足的最佳融资效率的企业更少，但是挂牌企业的融资效率是在不断提高的。

表 5-11　　　　　　全行业公司融资效率的平均值

效率	2014 年	2015 年	2016 年
综合技术效率 TE	0.787	0.673	0.803
纯技术效率 PTE	0.843	0.834	0.842
规模效率 SE	0.933	0.810	0.954

5.3.2　信息技术型企业融资效率实证分析

综合技术效率为 1 的企业在 2014 年、2015 年、2016 年分别有 22、17、28 家，占 130 家信息技术型企业的 16.92%、13.08% 和 21.54%，如表 5-12 所示。新三板信息技术型企业达到综合技术有效的比例明显高于全行业平均水平。信息技术型企业中达到纯技术效率有效的企业比例更是达到 27.69%，这说明不考虑规模效率的话，信息技术型企业的融资效率会更高，如表 5-13 所示，这是信息技术型企业高于所有行业平均水平的经营管理能力和内部治理水平带来的。实际上，信息技术型企业达到规模有效的比例也比新三板市场上所有行业的平均比例要高，如表 5-14 所示。

表 5-12　　　　　　信息技术型企业融资综合技术效率

综合技术效率 TE	2014 年		2015 年		2016 年	
	数量	比例	数量	比例	数量	比例
TE = 1	22	16.92%	17	13.08%	28	21.54%
TE<1	108	83.08%	113	86.92%	102	78.46%
合计	130	100.00%	130	100.00%	130	100.00%

表 5-13　　　　　　　　信息技术型企业融资纯技术效率

纯技术效率 PTE	2014 年		2015 年		2016 年	
	数量	比例	数量	比例	数量	比例
PTE = 1	33	25.38%	27	20.77%	36	27.69%
PTE<1	97	74.62%	103	79.23%	94	72.31%
合计	130	100.00%	130	100.00%	130	100.00%

表 5-14　　　　　　　　信息技术型企业融资规模效率

规模效率 SE	2014 年		2015 年		2016 年	
	数量	比例	数量	比例	数量	比例
23	23	17.69%	17	13.08%	36	27.69%
107	107	82.31%	113	86.92%	94	72.31%
130	130	100.00%	130	100.00%	130	100.00%

　　综上所述，在新三板挂牌的信息技术型企业达到融资综合技术有效、纯技术有效、规模效率有效的比例都比全行业的比例要高，信息技术型企业的融资效率高于新三板市场整体水平。

　　如表 5-15 所示，2014—2016 年三年间信息技术型企业的综合技术效率均值略高于市场上所有挂牌企业的综合技术效率均值，信息技术型企业的规模效率均值也高于全行业的规模效率均值。

表 5-15　　　　　　　　信息技术型企业融资效率均值

效率	2014 年	2015 年	2016 年
综合技术效率 TE	0.765	0.708	0.809
纯技术效率 PTE	0.796	0.808	0.838
规模效率 SE	0.961	0.877	0.966

5.3.3　工业型企业融资效率实证分析

　　挂牌工业型企业中融资综合技术有效的企业占比分别为 14.29%、9.52% 和 15.87%，比挂牌企业的全行业平均比例明显更高，即工业型企业中达到投入无冗余，产出无不足的投入产出最佳比的企业比例更高。不仅是综合技术效率，工业型企业的纯技术效率与规模效率也比全体行业的平均程度要高，说明工业型企业中内部治理能力、技术能力强的企业所占比例更高，目前规模接近最优规模的企业比例也更多。相关数据如表 5-16 至表 5-18 所示。

表 5-16 工业型企业融资综合技术效率

综合技术效率 TE	2014 年		2015 年		2016 年	
	数量	比例	数量	比例	数量	比例
TE = 1	9	14.29%	6	9.52%	10	15.87%
TE<1	54	85.71%	57	90.48%	53	84.13%
合计	63	100.00%	63	100.00%	63	100.00%

表 5-17 工业型企业融资纯技术效率

纯技术效率 PTE	2014 年		2015 年		2016 年	
	数量	比例	数量	比例	数量	比例
PTE = 1	15	23.81%	16	25.40%	19	30.16%
PTE<1	48	76.19%	47	74.60%	44	69.84%
合计	63	100.00%	63	100.00%	63	100.00%

表 5-18 工业型企业融资规模效率

规模效率 SE	2014 年		2015 年		2016 年	
	数量	比例	数量	比例	数量	比例
SE = 1	9	14.29%	6	9.52%	10	15.87%
SE<1	54	85.71%	57	90.48%	53	84.13%
合计	63	100.00%	63	100.00%	63	100.00%

表 5-19 是工业型企业融资效率的均值，虽然融资效率优秀的企业占比较多，但工业型企业融资效率的均值却低于全行业的均值。从中可以推测出挂牌工业型企业的融资效率差距较大，并且融资效率高的企业对整体的影响低于融资效率低的企业对整体的影响，从而导致工业型企业的平均融资效率低于全行

业的融资效率。

表 5-19　　　　　　　　　　工业型企业融资效率均值

效率	2014 年	2015 年	2016 年
综合技术效率 TE	0.604	0.597	0.689
纯技术效率 PTE	0.821	0.824	0.836
规模效率 SE	0.725	0.716	0.819

5.3.4　信息技术型和工业型挂牌企业融资效率比较

2014—2016 年,信息技术型企业实现综合技术有效的企业占全部信息技术型企业的比例都要高于工业型企业达到综合技术有效的企业占所有工业型企业的比例。并且 2014—2016 年三年间,信息技术型企业融资效率的均值都要高于工业型企业融资效率的均值,说明信息技术型企业的融资效率是高于工业型企业的融资效率的。而且无论是工业还是信息技术业,它们达到综合技术有效的企业的比例都高于所有行业的平均水平,但是工业型企业综合技术效率的均值要低于市场平均水平。

信息技术型企业的融资效率不仅高于工业型企业的融资效率,而且还高于新三板市场整体的融资效率。而工业型企业虽然达到综合技术有效的企业的比例高于新三板市场平均,但是综合技术效率的均值却低于市场平均水平。这可能是因为信息技术型企业间融资效率的差异不太大,融资表现优秀的企业相对较多,整体技术效率的均值也与市场基本持平略有超越。而工业型企业间融资效率的差异很大,导致虽然融资表现优秀的企业较多,但是技术效率的均值却低于市场平均水平。由数据对比可知,工业型企业与信息技术型企业融资效率的差异主要是由规模效率的差异导致的,工业型企业规模有效的比例较少,说明工业型企业的目前融资规模与最优规模还有较大差距。

5.4　新三板挂牌企业融资效率分行业动态分析

Malmquist 指数最初是在 1953 年由 Malmquist 提出的。到了 1994 年,RolfFäre 等人把 Malmquist 指数与 DEA 理论相结合,以衡量全要素生产率的变动和技术效率的变动之间的关系。在金融领域问题的研究上,DEA-Malmquist

指数可以用来衡量融资效率的动态变化。

本节使用 DEA-Malmquist 全要素生产率模型分析 2014—2016 年三年样本企业融资效率的动态变化。全要素生产率指数的变化（TFP）可以被分解为技术效率变化（EFFC）和技术进步（TC）。其中技术效率变化（EFFC）是指企业在所研究的时间段内，向着有效前沿面靠近或者远离的过程。如果企业不断缩小与有效前沿面的距离，那么技术效率提高；如果企业增大与有效前沿面的距离，那么技术效率在该时间段内降低。技术进步（TC）是指整个有效前沿面向着好的方面移动。全要素生产率指数的变化（TFP）等于技术效率变化（EFFC）和技术进步（TC）的乘积。技术效率变化还能够被分解成纯技术效率变化以及规模效率变化，这意味着决策单元离有效前沿面的距离是由企业内部管理水平的变化和企业规模的变化共同决定的。对于每个变化指数来说，指数大于 1，代表在所研究时期内企业在该方面取得进步；变化指数小于 1，代表企业在该方面有退步。这几个变化指数之间的关系用数学表达式可以写成：TFP = EFFC×TC = PEC×SEC×TC。

5.4.1　新三板挂牌信息技术型企业融资效率变化情况

根据表 5-20，信息技术型企业的全要素生产率变化（TFP）都小于 1，即挂牌信息技术企业的融资效率整体上是下降的，2014—2016 年，下降了14.7%。2014—2016 年，企业的技术效率的变化大于 1，这说明企业的技术效率是在进步的，但是技术效率进步对融资效率的积极影响无法抵消技术退步对融资效率的消极影响，导致信息技术型企业的融资效率呈下降趋势。

表 5-20　　　信息技术型企业 DEA-Malmquist 模型计算结果

年份	EFFC	TC	PEC	SEC	TFP
2014—2015	0.922	0.791	0.828	1.113	0.729
2015—2016	1.171	0.853	1.192	0.982	0.998
2014—2016	1.039	0.821	0.994	1.046	0.853

从融资效率的角度看，这里的技术退步是指融资机制、融资渠道、风险管理等企业外部因素对企业融资起到的消极作用，2014—2016 年，技术进步指数（TC）的值是 0.821，意味着 2016 年企业的有效生产前沿面与 2014 年相比向不利的方向移动了 17.9%，整个信息技术行业的融资外部环境有了消极变

化，这可能是融资机制不健全、融资渠道不完善、风险管理不到位等因素引起的。技术效率变化（EFFC）还可以分解为纯技术效率变化（PEC）和规模效率变化（SEC），2014—2016 年企业的纯技术效率变化值小于 1，说明 2014—2016 年企业的内部管理水平是下降的，分段来看，2014—2015 年企业的纯技术效率变化值比 1 小，然而 2015—2016 年期间企业的纯技术效率变化值比 1 大，所以企业内部管理水平应该是先下降再上升的。企业的规模效率变化（SEC）正好相反，是先上升再下降，但总体是上升的。2014—2016 年，规模效率的上升对信息技术型企业技术效率的上升有着更大的影响。

5.4.2　新三板挂牌工业型企业融资效率变化情况

表 5-21 是工业型企业 DEA-Malmquist 模型的计算结果，2014—2016 年，工业型企业的全要素生产率变化大于 1，即工业型企业的融资效率是在进步的，但是进步比较微小，只有 2.7%。

表 5-21　　　　　工业型企业 DEA-Malmquist 模型计算结果

年份	EFFC	TC	PEC	SEC	TFP
2014—2015	1.004	0.916	0.989	1.015	0.92
2015—2016	1.182	0.97	1.176	1.005	1.147
2014—2016	1.09	0.943	1.079	1.01	1.027

与信息技术型企业相同，工业型企业融资的技术进步（TC）小于 1，说明外部融资环境对企业融资效率的影响是消极变化的。但是 2014—2016 年，工业型企业内部管理水平进步带来的纯技术效率的增长和企业规模向着最优规模调整带来的规模效率的增长对企业融资效率的积极影响超过了技术退步对企业融资效率的消极影响，所以最后挂牌工业型企业的融资效率是上升的。尤其是工业型企业的纯技术效率增长，对技术效率的增长有着更大的影响，意味着工业型企业的内部管理水平正在提高。

2014—2016 年，信息技术型企业的融资效率是呈下降趋势的，其融资效率下降的原因有两个：一个是技术退步，市场融资机制、风险管理等因素对企业融资效率造成了消极影响；另一个是纯技术效率的下降，即企业内部管理水平的下降。工业型企业的融资效率在 2014—2016 年是上升的。工业型企业虽然也受到了技术退步的影响，但是工业型企业的纯技术效率和规模效率都是朝着积极的方向变化的，这种积极的变化抵消了技术退步的消极影响，所以工业型企业的融资效率整体是上升的。

5.5 本章小结

本章首先对模型输入输出指标进行描述性统计，介绍了新三板整体挂牌企业、信息技术型企业和工业型企业的基本情况以及各自特点。接着使用 DEA 的 BCC 和 CCR 模型对整体企业、信息技术型企业以及工业型企业的融资效率进行分析和比较，得出相关结论。然后，使用 DEA-Malmquist 指数法研究 2014—2016 年信息技术型企业和工业型企业的融资效率变化情况，并进一步分析导致融资效率变化的原因。最后，使用 Tobit 模型定量分析新三板挂牌企业融资效率的影响因素及影响因素的作用方向和作用大小，并且定量分析了行业差异。信息技术型企业和工业型企业分别代表了新兴和传统企业类型，其类型划分及其对应的融资效率结论为后面的新三板分层制度提出提供了一定的借鉴。

第6章　分层制度对新三板创新层企业 融资效率的影响分析

随着新三板挂牌企业的数量趋于稳定，社会各界发现新三板的融资效率普遍不高。于是，政府不断出台新的制度，力图通过制度创新来提高新三板的融资效率。在此背景下，本书以新三板出台的分层制度为突破口，运用 DEA 方法研究处于创新层的企业在分层制度实施的前后融资效率的变化情况，来检测分层这项制度是否有助于提高新三板创新层企业的融资效率。

6.1　模型介绍及指标选取

6.1.1　模型介绍

（1）数据包络分析。

DEA 模型的主要运用原因有以下几点：第一，DEA 方法可以解决多评价指标共同评价的情况，这是这个方法运用的主要原因和情境；第二，DEA 方法是一种没有人为主动干预的方法，在解决多种评价指标共同评价问题时，不需要判断各个指标之间的影响原理，也不用人为决定变量的占比。

DEA 主要模型包括以下两种：C^2R 模型和 BC^2 模型。C^2R 模型运用的数学基础是线性规划方法，通过坐标中 DUM 所处的点与最优边界相对的相对位置来判断技术有效性，这个得到的值是总效率，可以被分解为纯技术效率和规模效率。BC^2 模型与 C^2R 模型的区别是添加了一个规模报酬可变的条件，它的结果是分解之后的纯效率。规模效率的计算方法是总效率除以纯效率。

（2）威尔科克森符号秩检验。

T 检验是一种用来检验两组数据均值差异的方法，它基于的理论是 T 分布理论。配对样本是指两个样本互相匹配，这两个样本的来源方式是对同一个对象进行两次测算；两配对样本 T 检验需满足的假设如下：两样本互相配对（数量一样，顺序不能变），并且样本的总体是正态分布的。

T 检验的前提条件是被检验的数据是正态分布的，或者是大样本。如果既不是大样本也不满足正态分布，那么 T 检验的结果就会有误差。所以需要先使用 KS-检验确定数据是否为正态分布，然后使用配对样本 T 检验来确定数据的均值时候有显著性差异。

1945 年威尔科克森（Wilcoxon）提出了一个符号秩检验的方法。符号检验法中的成对观测数据类是这个方法的发明的来源，这个方法的实用性超过了传统的方法。它用于比较成对产生的数据，同时正态分布情况不是数据的差值 di 的要求，它的应用条件只需要差值是对称的。检验成对观察数据的差有无来源于均值为零的总体，即产生数据的总体有无具备一致的均值。

6.1.2 指标选择

使用 DEA 模型测算融资效率需要选择恰当的投入产出指标，虽然各类文献测算融资效率时的投入产出指标相似度很高，但是研究者会根据研究的目的选择不同的投入产出。投入产出指标首先要根据理论分析中的内容，然后再结合自身的研究重点来选定。本书依据以上思路从资金交易效率和资金配置效率两个方面来进行选择（见表 6-1），投入指标应体现企业融资的投入情况，首先关注的是融资过程中与本书研究有关的投入，包括融资规模、融资成本，总资产和资产负债率也添加进来的原因是融资效率的影响中有资产规模和资本结构这两部分。产出指标则代表了融资过后的经营效果，包括盈利能力、成长性、运营能力等各项指标。

表 6-1 投入产出指标

	变量名称	变量符号	变量定义
投入指标	融资成本	X1	=本期利润表财务费用/平均有息负债
	总资产	X2	=（上期总资产+本期总资产）/2
	资产负债率	X3	=（（上期总负债+本期总负债）/（上期总资产+本期总资产））−（行业平均资产负债率）
产出指标	净资产收益率	Y1	=净利润/平均净资产
	总资产周转率	Y2	=主营业务收入/平均总资产
	主营业务收入增长率	Y3	=（本期主营业务−上期主营业务）/上期主营业务

X1：融资成本。生产经营活动需要资金，收集这些资金需要花费一定的成本，财务费用就是指的这部分成本，重点有以下内容：利息支出、汇兑损失以及相关的中介支出等、金融中介的服务费等。在融资过程中，相同融资规模的情况下，财务费用越低，说明企业融资成本越小，融资效率更高。于是本书融资成本的大小用财务费用除以有息负债的结果来表示，所以说明的是企业的相对融资成本。

X2：总资产。总资产是指企业拥有的全部资产总额，数值一般为企业资产负债表中的总资产项目数值。借贷资金的大小受总资产的影响，于是融资效率也跟着受到影响。同时，总资产的变化还能够体现企业融资规模的变化，因为股权融资增加企业净资产，债权融资增加企业负债，均会反映到总资产中去。

X3：资产负债率。资产负债率是指企业总负债与总资产的比率，代表的是资本结构，它能影响企业的融资成本和融资效率，在企业生产环境和经营环境良好的情况下，适当负债能够为企业带来更多的利润，为股东赚取更多报酬；但是当生产经营环境不佳时，负债的存使得企业有偿债的风险，负债过多将会导致企业经营利润的下降，不能弥补借贷带来的利润损失。本书的资产负债率指标计算公式是资产负债率＝平均总负债/平均总资产。由于各个行业的盈利模式不同，所以资产负债率会有较大差别，因此本书选择使用资产负债率与行业平均资产负债率的差值作为资产负债率指标。该指标的数值大小与企业负债程度正相关。

Y1：净资产收益率。该指标也被叫作股东权益收益率，其含义为投资人士投资该公司的每一元能获得的收入，计算方法是用净利润除以平均净资产。企业的能力水平可以用这个来判断。

Y2：总资产周转率。该指标为营业收入除以平均总资产获得的值，它意味着公司在运营过程中资金的周转速度，反映了公司的经营管理能力和资金利用效率。

Y3：主营业务收入增长率。主营业务收入增长率是指一段期间中，企业的主营业务收入增长的程度，该指标代表了企业的成长性，增长率越高说明企业的成长能力越高。

投入产出同时增减是 DEA 模型的内在要求，如果投入产出的变化方向不一样，那么指标被称为逆指标，需要进行修改。分析发现，投入指标中的财务费用增加时，产出指标中的净资产收益率和主营业务收入增长率会降低，因此是逆指标。同时相对资产负债率越高，企业的财务风险越大，对企业的经营活动的灵活性产生影响，于是需要对财务费用和资产负债率指标作取负数处理。

6.2 样本选择及数据描述

6.2.1 样本选择及数据处理

本书分析的是分层制度对新三板创新层企业融资效率的影响，为了使得研究结果的可靠性得到保证，最终实现本书的研究目的，本书将按照以下顺序来选择和筛选样本数据：

第一，本书研究的是新三板创新层的企业在分层制度前后的变化，因为一般来说新三板上市首年融资效率不稳定，因此首先选择 2014 年 6 月以前挂牌，且 2016 年 6 月和 2017 年 6 月均入选新三板创新层的企业。

第二，新三板企业的交易方式的改变会影响企业股权的交易效率，因此在第一步的基础上选择 2015 年到 2017 年一直没有改变交易方式且交易方式是做市制度或者是协议制度的企业。

第三，剔除还未发布 2017 年半年报信息的企业，以及剔除没有某些指标数据的企业。通过筛选本书得到了 56 家企业，DEA 模型的数据要求是数据数量要超过指标数量的 3 倍，本书有 6 项指标，数据满足 DEA 的模型要求。

第四，同时本书还从 2017 年未发布半年报的企业筛选出了 56 家企业，使得数据满足 Tobit 分析中的独立横截面要求。

在运用 DEA 模型来评价新三板市场融资效率时，模型对数据有潜在要求，即数据必须非负，同时不同指标的数据差异性不能过大，因此可以依据上一章的公式（5-1）对指标进行无量纲化处理，来解决数据为负数和数据极值差异过大的问题。

在数据处理的实际操作中发现净资产收益率、主营业务收入增长率均有负值，所以需要进行无量纲化处理，而总资产的极值差距过大，也需要无量纲化处理。但是资产负债率和总资产周转率没有负数且数值波动不大，因此不需要进无量纲化处理。

6.2.2 指标描述性分析

本书最终选择了 56 家企业作为研究的样本，其数据是从 Wind 数据库里获取的。首先对指标进行描述性分析，以便对数据有一个初步的印象，继而运用 SPSS 软件，采取的统计指标包括：样本规模、上限下限值、均值与标准差。下面对本书的描述性统计结果进行分析：

（1）投入指标。

本书融资成本指标计算公式为财务费用与平均有息负债的比率。本书同时考虑财务费用和有息负债，选择它们的比值作为融资成本指标，衡量企业融资过程中的相对融资成本。

融资成本 t、融资成本 $t+1$、带息负债 t、带息负债 $t+1$、财务费用 t、财务费用 $t+1$ 分别代表分层制度实施以前和分层制度实施以后的融资成本、带息负债及财务费用，从表 6-2 可知，分层制度实施以后，带息负债的均值从 6391.44 万元增加到 6917.14 万元，但是财务费用的均值反而减少，从 274.06 万元降低到 221.86 万元，说明分层制度实施以后企业债务融资规模增加，同时债务融资成本下降。分层制度实施以后融资成本没有明显变化的原因可能是融资规模增加引起的成本上升。

表 6-2   融资成本统计

		融资成本 t	融资成本 $t+1$	带息负债 t	带息负债 $t+1$	财务费用 t	财务费用 $t+1$
个案数	有效	56	56	56	56	56	56
	缺失	0	0	0	0	0	0
平均值		0.02	0.03	6391.44	6917.14	274.06	221.86
中位数		0.02	0.02	1000.09	750.00	20.34	18.91
标准差		0.03	0.05	21771.66	25919.21	1321.77	994.04
最小值		-0.02	-0.11	0	0	-291.23	-218.36
最大值		0.17	0.28	150379	183712	9619	7198

总资产方面，由于是研究一段时间内的融资效率，因此选择使用同一段时期内的平均总资产。从表 6-3 可知，分层制度实施以后企业的平均净资产增加了 3355 万元，说明企业在分层制度实施以后继续寻找股权融资，扩大企业发展经营规模。同时最大值增加，最小值减少，而标准差也变大了，说明分层制度实施以后企业发展发现分化情况。

表 6-3 平均总资产统计

		总资产 t	总资产 $t+1$
个案数	有效	56	56
	缺失	0	0
平均值		23992.23	27348.14
中位数		11527.42	12947.00
标准差		28940.60	33844.18
最小值		1253.59	987.68
最大值		143836.46	176140.15

资产负债率方面（见表 6-4），分层制度实施以后资产负债率均值下降约 1.1%，负债相对应稍微降低，同时标准差更小，分布更加集中。同时看到创新层企业整体的资产负债率普遍不高，债务融资占比普遍不大。

表 6-4 资产负债率统计

		资产负债率 t	资产负债率 $t+1$	相对资产负债率 t	相对资产负债率 $t+1$
个案数	有效	56	56	56	56
	缺失	0	0	0	0
平均值		0.345	0.333	−0.009	−0.010
中位数		0.338	0.309	−0.017	−0.056
标准差		0.211	0.194	0.196	0.170
最小值		0.012	0.017	−0.369	−0.348
最大值		0.935	0.914	0.588	0.423

（2）产出指标

总资产周转率方面，分层制度实施前后总资产周转率的分布情况大致相同，分层制度实施以后总资产周转率的均值增加约 0.85%，标准差增加了约 0.9%，变化不大，如表 6-5 所示。

表 6-5　　　　　　　　　　　总资产周转率统计

		总资产周转率 t	总资产周转率 $t+1$
个案数	有效	56	56
平均值		0.934	0.942
中位数		0.715	0.641
标准差		0.927	1.011
最小值		0.080	0.021
最大值		6.016	6.144

营业收入增长率方面，分层制度实施以后，营业收入增长率均值下降近一半，标准差也下降近一半，如表 6-6 所示。

表 6-6　　　　　　　　　　　营业收入增长率统计

		营业收入增长率 t	营业收入增长率 $t+1$
个案数	有效	56	56
	缺失	0	0
平均值		52.45	26.57
中位数		5.91	4.82
标准差		171.88	89.60
最小值		-91.52	-79.90
最大值		1038.09	513.60

究其原因，一方面是由于分布中极端值的影响，分层制度实施以前最大值 1038.09，即营业收入增长 10 倍，最小值 -91.52，即营业收入下降约九成，另一方面可能是因为分层制度本身的原因，因为创新层管理中有一个是关于营业收入增长的进入标准，而退出创新层的营业收入增长标准要小很多，因此很有可能是企业进入创新层后发展动力降低了。

6.3　创新层企业融资效率的测算及分析

DEA 模型计算出来的结果是融资效率的相对指标，其内涵是综合考虑各个决策单元的投入产出情况得到最优效率边界，然后比较各个决策单元的相对效率值。

6.3.1 分层前融资效率测算的结果及分析

本书对 56 家企业 2015 年下半年至 2016 年上半年的数据作为分层前（设为 T 期）的数据，运用 DEA 模型中的 BC^2 模型得到融资效率结果，对模型结果进行描述性统计分析，如表 6-7 所示。

表 6-7 分层制度实施前融资效率统计

		T 期总效率	T 期纯技术效率	T 期规模效率
个案数	有效	56	56	56
	缺失	0	0	0
平均值		0.733	0.802	0.918
中位数		0.752	0.836	0.950
标准差		0.205	0.198	0.117
最小值		0.313	0.339	0.385
最大值		1.000	1.000	1.000

从统计结果来看，总体来说中小企业的融资效率普遍不高，均值只有 0.733，纯技术效率为 0.802 和规模效率均为 0.918，说明纯技术效率是造成企业总体融资效率偏低的主要原因。纯技术效率较低，说明企业内部管理水平处于较低水平，融资成本偏高，规模效率较高，说明有相当一部分企业处于其最佳规模进行生产，融资需求相对得到满足，但是总体上来说，共同导致总体的融资效率偏低。规模效率的标准差比纯技术效率和总效率的小，极值之差更小，说明企业规模效率分布更加集中。

从表 6-8 统计的数据来看，分层制度实施以前中小企业融资效率达到有效的企业有 10 家，占比 17.9%，放宽条件来看，较高及以上融资效率的企业有 22 家，总共占比 39.3%；纯技术效率有效的企业有 15 家，占比 26.8%，规模效率有效的企业有 10 家，占比 17.9%；纯技术效率较高的企业有 32 家，规模效率较高的企业却有 50 家。纯技术效率和总效率呈现相类似的分布，而规模效率的分布比它们集中的多，但是规模效率主要集中在较高层次，规模有效的比例没有纯技术效率的高，这说明分层制度实施以前中小企业纯技术效率相差较大,规模效率相差较小但是仍然不好。

表 6-8　　　　　　　　**T 期的融资效率分布统计**

融资效率分布		T 期总效率		T 期纯技术效率		T 期规模效率	
		频率	百分比	频率	百分比	频率	百分比
有效	$0<r\leq0.5$	9	16.1	8	14.3	1	1.8
	$0.5<r\leq0.8$	25	44.6	16	28.6	5	8.9
	$0.8<r<1$	12	21.4	17	30.4	40	71.4
	$r=1$	10	17.9	15	26.8	10	17.9
	总计	56	100.0	56	100.0	56	100.0

本书在运用 DEA 模型测算企业融资效率的同时还得出了样本的规模报酬的变化情况。

根据表 6-9 可以看出,规模报酬不变的企业有 10 家,占比 17.9%,规模报酬减少的企业有 16 家,占比 28.6%,而规模报酬增加的企业有 30 家,占比为 53.6%。规模报酬不增加的企业占比总共有 46.4%,说明有部分企业达到了最优融资规模,还有不少企业超过最优融资规模,达到了根据自身情况需要减少融资规模的程度,而大多数企业并没有达到最优融资规模,可以考虑根据实际情况加大自己的融资力度。此处的数据分析与上述描述性统计相一致,均说明企业规模效率较高,融资规模有一半达到或超过了企业最佳的需求程度。

表 6-9　　　　　　　　**T 期的规模报酬统计**

规模报酬		频率	百分比	有效百分比	累计百分比
有效	不变	10	17.9	17.9	17.9
	减小	16	28.6	28.6	46.4
	增加	30	53.6	53.6	100.0
	总计	56	100.0	100.0	

6.3.2　分层后融资效率测算的结果及分析

本书对同样的 56 家企业,使用 2016 年下半年到 2017 年上半年的数据作为分层后（$T+1$）的数据，运用 DEA 模型中的 BC^2 模型得到融资效率，描述统计结果分析如表 6-10 所示。

表 6-10 　　　　　　　　　分层制度实施后融资效率统计

		$T+1$ 期总效率	$T+1$ 期纯技术效率	$T+1$ 期规模效率
个案数	有效	56	56	56
	缺失	0	0	0
平均值		0.767	0.820	0.936
中位数		0.749	0.853	0.990
标准差		0.171	0.155	0.113
最小值		0.320	0.437	0.397
大值		1.000	1.000	1.000

从统计结果来看，总体来说中小企业的融资效率仍然不高，均值只有0.767，而纯技术效率的均值是 0.820，规模效率的均值是 0.936。这表明对比而言纯技术效率较低是导致企业总体融资效率偏低的主要原因，而规模效率整体处于较高状态。而从标准差的差别可以看出规模效率比纯技术效率的分布更加集中。

从表 6-11 统计的数据来看，分层制度实施以后中小企业融资效率达到有效的企业有 7 家，占比 12.5%，如果放宽条件来看，融资效率较高的企业有23 家，总共占比 41.1%，占比稍有提高，但是融资效率低下的企业数量只有 2家，占比大大降低；纯技术效率有效的企业有 11 家，占比 19.6%，规模效率有效的企业有 10 家，占比 17.9%，但是从放宽的尺度上来看，纯技术效率较高的企业有 35 家，占比为 62.5%，规模效率较高的企业有 50 家，占比达到89.3%；纯技术效率的分布更加集中，规模效率呈现的分布不变，但是规模效率比纯技术效率更加集中，即规模效率相比纯技术效率有更高的峰度。这说明了分层制度实施以后中小企业融资效率低下的原因主要在于纯技术效率比较低。

表 6-11   T+1 期的融资效率分布统计

融资效率分布		T+1 期总效率		T+1 期纯技术效率		T+1 期规模效率	
		频率	百分比	频率	百分比	频率	百分比
有效	$0<r\leqslant 0.5$	2	3.6	1	1.8	1	1.8
	$0.5<r\leqslant 0.8$	31	55.4	20	35.7	5	8.9
	$0.8<r<1$	16	28.6	24	42.9	40	71.4
	$r=1$	7	12.5	11	19.6	10	17.9
	总计	56	100.0	56	100.0	56	100.0

本书在运用 DEA 模型测算企业融资效率的同时还得出了样本的规模报酬的变化情况，如表 6-12 所示。

表 6-12   T+1 期的规模报酬统计

规模报酬		频率	百分比	有效百分比	累计百分比
有效	不变	11	19.6	19.6	19.6
	递减	17	30.4	30.4	50.0
	递增	28	50.0	50.0	100.0
	总计	56	100.0	100.0	

从表 6-12 可以看出，规模报酬不变的企业有 11 家，占比 19.6%，规模报酬递减的企业有 17 家，占比 30.4%，而规模报酬增加的企业有 28 家，占比为50%。从该表格数据可以看出有部分企业达到了最优融资规模，一部分企业超过最优融资规模，达到了根据自身情况需要减少融资规模的程度，而大部分企业并没有达到最优融资规模，可以考虑根据实际情况加大自己的融资力度。规模报酬递增的企业占比 50%，说明尽管中小企业规模效率比较高，但是仍然有提升的空间，大部分企业的融资规模并没有达到自身的最优水平。但是也要注意，部分企业需要关注自身融资规模，减少自身的融资活动。

总体而言，分层制度实施前后，中小企业的融资效率都不高，详细来说比较如下：

从表 6-7 和表 6-10 来看，分层制度实施以前中小企业的融资效率均值为0.733，标准差是 0.205，而分层制度实施以后中小企业的融资效率均值为

0.767，标准差为 0.171。分层前后企业的融资效率的均值没有显著性变化，但是分层制度实施以后中小企业融资效率的标准差降低了，说明分层制度实施以后中小企业的融资效率分布更加集中。

从表 6-8 和表 6-11 可以看出，在分层制度实施前后，处于融资效率有效的企业由 10 家降低到了 7 家，但是融资效率较高的企业家数从 12 家上升到了 16 家，企业数量基本持平，但是相对于分层制度实施以前来说，分层制度实施以后，处于融资效率较低的企业家数增加了，由 25 家上升到了 31 家。分层制度实施以后，相比于分层制度实施以前，融资效率较低和融资效率有效的公司数量都在减少，融资效率较低的公司数量降低了 80%。这说明分层制度使得中小企业的融资效率分布更加集中，本身融资效率不高的企业在分层制度实施以后迎头赶上。

从表 6-7 和表 6-10 还可以看出，分层制度实施以前中小企业的纯技术效率均值为 0.802，规模效率的均值是 0.918，而分层制度实施以后中小企业的纯技术效率均值为 0.820，规模效率的均值为 0.936。说明分层制度的实施使得企业的纯技术效率，规模效率均上升，即由于企业改善融资规模，公司的内部管理能力的改善也让纯技术效率获得了提升，另一方面也让公司增加的收益比增加融资规模所需的成本要多，规模效率升高，但是两者的共同作用的结果是使得企业的总融资效率上升。

从表 6-4 和表 6-7 可以印证表 6-3 和表 6-6 得出的结论，但同时也可以分析出更多的信息。分层制度实施以前纯技术效率低下的企业有 8 家，处于纯技术效率最佳状态的企业有 15 家，分层制度实施以后，纯技术效率低下的企业有 1 家，处于纯技术效率最佳状态的企业有 11 家，分层制度实施前后纯技术效率最优的企业数量下降，但是纯技术水平低下的企业家数降了 90%，这说明在分层制度实施以后企业的纯技术效率变得好，分布更加集中，这种趋势与融资总效率的变化趋势类似。

分层制度实施前后规模效率企业的分布没有变化，但是均值上升，说明分层制度的实施使得创新层企业规模效率得到了进一步的提升，但提升有限。

综合分析表 6-5、表 6-7 以及表 6-4 可以看出，分层前 53.6% 的企业处于规模报酬递增的阶段，17.9% 处于规模报酬不变的阶段，说明分层前中小企业有一半需要扩大融资规模，进而扩大企业规模，来提高中小企业的融资效率。结合分层后企业的规模效率提高了 0.064 的结果，可以发现分层制度的实施使得中小企业的融资规模得以扩大，进而提高了中小企业的规模效率，最终影响到中小企业的总融资效率。另一方面，分层制度实施以后有一半的公司位于规模报酬递增时期，以及 30% 的公司位于规模报酬减少的时期，我们可以得出以下结论：第一，规模报酬递增的企业家数减少，规模报酬不变的企业家数增加，说明分层制度扩大了企业的融资规模，进而影响了企业的总融资效率；第二，有一半的企业处于规模报酬递增的阶段，但是有 1/3 的企业规模过大，说明部分企业仍然需要加大融资规模，以增加规模效率。

6.4　分层前后企业融资效率的比较检验

6.4.1　基于均值检验的融资效率比较

上一节的分析是基于简单的描述统计分析，没有考虑到统计误差带来的影响，因此为了确定分层前后新三板创新层企业的融资效率是否真的发生了变化，我们需要对基础数据做均值的比较检验分析。

本书设新三板分层制度实施以前中小企业融资效率值为 x_{TE}^{T}，纯技术效率值为 x_{PTE}^{T}，规模效率值为 x_{SE}^{T}；其效率值所对应的均值分别为 h_{TE}^{T}、h_{PTE}^{T}、h_{SE}^{T}。新三板分层制度实施以后中小企业融资效率值为 x_{TE}^{T+1}，纯技术效率值为 x_{PTE}^{T+1}，规模效率值为 x_{SE}^{T+1}；其效率值所对应的均值分别为 h_{TE}^{T+1}、x_{PTE}^{T+1}、x_{SE}^{T+1}。

根据需要验证的结论，本书给出如下假设：H1：$h_{TE}^{T} = h_{TE}^{T+1}$　　H2：$h_{PTE}^{T} = h_{PTE}^{T+1}$；H3：$h_{SE}^{T} = h_{SE}^{T+1}$。

在比较均值之前我们首先需要对样本数据的分布类型进行检验，不同类型的分布数据有不同的比较方法，本书运用 SPSS 对分层制度前后的融资效率数据进行单样本 K-S 正态性检验，其结果如表 6-13 所示。

表 6-13　　　　　　　　**单样本柯尔莫戈洛夫-斯米诺夫检验**

		x_{TE}^{T+1}	x_{PTE}^{T+1}	x_{SE}^{T+1}	x_{TE}^{T}	x_{PTE}^{T}	x_{SE}^{T}
个案数		56	56	56	56	56	56
正态参数[a,b]	平均值	0.733	0.802	0.918	0.767	0.820	0.936
	标准差	0.204	0.198	0.117	0.170	0.155	0.113
最极端差值	绝对	0.105	0.158	0.242	0.090	0.126	0.287
	正	0.097	0.158	0.242	0.086	0.122	0.287
	负	-0.105	-0.141	-0.225	-0.090	-0.126	-0.269

	x_{TE}^{T+1}	x_{PTE}^{T+1}	x_{SE}^{T+1}	x_{TE}^{T}	x_{PTE}^{T}	x_{SE}^{T}
检验统计	0.105	0.158	0.242	0.090	0.126	0.287
渐近显著性（双尾）	0.0185[c]	0.001[c]	0.000[c]	0.200[c,d]	0.027[c]	0.000[c]

a. 检验分布为正态分布。

b. 根据数据计算。

c. 里利氏显著性修正。

d. 这是真显著性的下限。

根据表 6-13 的检验结果可知，在 5% 的显著性水平下，只有 x_{TE}^{T+1}、x_{TE}^{T}、序列的 P 值（0.185、0.200）大于 0.05，因此接受这两个序列的分布为正态分布的原假设，x_{TE}^{T+1}、x_{TE}^{T} 序列为正态分布序列，其余的序列为非正态分布序列。因为此数据是两个相同样本的两组数据，因此需要使用非参数估计的配对样本 T 检验以及威尔科克森符号秩检验（Wilcoxon 符号秩检验法）来检验原假设。

一是对 H1 的检验，对 x_{TE}^{T+1} 序列和 x_{TE}^{T} 序列均是渐进正态分布，因此使用配对样本 T 检验，得到的结果如表 6-14 所示。

表 6-14　　　　　　　　　配对样本 T 检验

	配对差值的					t	自由度	显著性（双尾）
	平均值	标准差	标准误差平均值	差值 95% 置信区间				
				下限	上限			
$x_{\mathrm{TE}}^{T+1} - x_{\mathrm{TE}}^{T}$	0.0331607	0.1277944	0.0170772	-0.0010629	0.0673843	1.942	55	0.057

检验的显著性水平 0.057 大于 0.05，但是小于 0.1，因此可以在 10% 的显著性水平下拒绝 H1 的原假设 $h_{\mathrm{TE}}^{0}=h_{\mathrm{TE}}^{1}$，即 x_{TE}^{T+1} 序列和 x_{TE}^{T} 序列的均值有显著性差异，分层制度实施后中小企业的融资效率的均值上升。

二是对 H2 的假设检验，x_{PTE}^{T} 序列和 x_{PTE}^{T+1} 序列不满足正态假设，因此进行 Wilcoxon 秩和检验，得到的结果如表 6-15 所示。

表 6-15 纯技术效率秩和

		个案数	秩平均值	秩的总和
$x_{\mathrm{PTE}}^{T}-x_{\mathrm{PTE}}^{T+1}$	负秩	20	21.38	427.50
	正秩	27	25.94	700.50
	绑定值	9		
	总计	56		
检验统计				
			$x_{\mathrm{PTE}}^{T}-x_{\mathrm{PTE}}^{T+1}$	
Z			-1.445	
渐近显著性（双尾）			0.149	

检验的显著性水平 0.149 大于 0.05，因此接受原假设 H2：$h_{\mathrm{TE}}^{0}=h_{\mathrm{TE}}^{1}$，即 x_{PTE}^{T} 序列和 x_{PTE}^{T+1} 序列的值有显著性差异，分层制度实施前后中小企业的纯技术效率的均值有显著性变化。再根据表 6-3 与表 6-6 的统计分析结果，可以得出结论分层制度实施后中小企业的纯技术效率均值并没有显著改变，只是分布更加集中了。

三是对 H3 的假设检验，x_{SE}^{T+1} 序列不满足正态性假设，因此对 x_{SE}^{T} 序列和 x_{SE}^{T+1} 序列进行 Wilcoxon 秩和检验，得到的结果如表 6-16 所示。

表 6-16 规模效率秩和

		个案数	秩平均值	秩的总和
$x_{\mathrm{SE}}^{T}-x_{\mathrm{SE}}^{T+1}$	负秩	16	24.31	389.00
	正秩	35	26.77	937.00
	绑定值	5		
	总计	56		
检验统计				
			$x_{\mathrm{SE}}^{T}-x_{\mathrm{SE}}^{T+1}$	
Z			-2.568	
渐近显著性（双尾）			0.010	

检验的显著性水平 0.010 小于 0.05，因此拒绝原假设 H3：$h_{SE}^0 = h_{SE}^1$，即 x_{SE}^T 序列和 x_{SE}^{T+1} 序列的值有显著性差异，分层制度实施前后中小企业的规模效率的均值有显著性变化。再根据表 6-3 与表 6-6 的统计分析结果，可以得出结论分层制度实施后中小企业的规模效率均值显著性大于分层制度实施以前的规模效率。

综上所述，分层制度的实施提高中小企业的融资效率，是因为它提高了中小企业的规模效率，而中小企业的纯技术效率均值没有变化。

6.4.2 基于 Tobit 模型的实证检验

在上一部分本书仅仅是利用均值比较检验来看分层制度是否提高创新层企业融资效率，检验方法比较粗糙，又由于融资效率值是受限数据，因此本书在此部分将使用 Tobit 模型，将实施分层制度的实施时间点设为虚拟变量，来实证检验分层制度是否提高创新层企业融资效率，同时寻找比较影响融资效率的因素。

（1）数据及变量选择。

本书选择 DEA 模型计算出来的融资效率为因变量，同时添加一个虚拟变量 L，$L=0$ 表示分层制度实施以前的情况，$L=1$ 表示分层制度实施以后的情况，即自变量包括融资成本（FC）、总资产（TA）、资产负债率（DA）、净资产收益率（ROE）、总资产周转率（AT）（见表 6-17）。

表 6-17 多元线性回归模型各变量的简要说明

变　量	含　义
TE	企业的融资效率，用 DEA 模型技术效率表示
FC	融资成本 ＝本期利润表财务费用/平均有息负债
TA	总资产＝（上期总资产+本期总资产）/2
DA	资产负债率＝平均总负债/平均总资产
ROE	净资产收益率＝净利润/平均净资产
AT	总资产周转率＝主营业务收入/平均总资产
L	分层制度实施情况　$L=0$ 分层实施前 $L=1$ 分层实施后

（2）本书的研究假设。

H4：融资成本（FC）与融资效率负相关。

也就是说在公司需要以更多的成本进行融资时，融资成本使公司的获利能力减少了，这会使公司资金的使用效率减少，从而降低了公司的融资效率。所以本书假定融资成本与融资效率为反比例关系。

H5：总资产（TA）与融资效率负相关。

根据理论，企业总资产越多，越能够得到成本较低的债务融资，但是新三板企业规模普遍不大，并且融资来源大部分是股权融资，因此如果仅仅是扩大总资产而没有合理结合股权债权融资方式，并且合理运用资金进行生产、管理与革新，那么在公司的总资产越多时，其融资效率便会越低。所以本书假定总资产和公司的融资效率为反比例关系。

H6：资产负债率（DA）与融资效率负相关。

一方面，当企业的资产负债率越高时，企业的偿债能力就越低，这样债务融资成本会升高，规模会下降；另一方面有息负债过高还会对企业经营的现金流有要求，需要企业及时获取收益偿还利息等，这对企业长期的经营策略和发展方向会有影响，会对企业长期盈利能力带来约束。因此本书假设资产负债率与融资效率负相关。

H7：净资产收益率（ROE）与融资效率正相关。

净资产收益率又称为股东权益收益率，是指投资者投资该企业的每一元钱能获得的收益，该指标代表的是企业的盈利能力。企业盈利能力越强，则资金配置能力越高，融资效率越高，因此本书假设净资产收益率（ROE）与融资效率正相关。

H8：总资产周转率（AT）与融资效率正相关。

总资产周转率是营业收入与平均总资产的比值，代表了企业在经营期间资金的周转速度，表现了企业的经营管理能力和资金利用效率。企业经营能力越强，则企业资金配置能力越高，融资效率越好。因此本书假设总资产周转率（AT）与融资效率正相关。

H9：实施分层制度（L）会提高企业融资效率。

通过第二章的理论分析可知，分层制度能够提高创新层企业的融资效率。

运用前文的研究所选用的 56 家新三板创新层高新技术企业，把数据时间范围扩大到 2015 年 6 月到 2017 年 6 月的两年数据。参考影响新三板创新层公司融资效率影响要素的研究与假设，构建如下 Tobit 独立混合横截面数据回归模型：

$$\mathrm{TE}_{it} = \alpha_i + \beta_1 \mathrm{FC}_{it} + \beta_2 \mathrm{TA}_{it} + \beta_3 \mathrm{DA}_{it} + \beta_4 \mathrm{ROE}_{it} + \beta_5 \mathrm{AT}_{it} + \beta_6 L_t + u_{it} \qquad (6\text{-}1)$$

（3）模型的设定检验。

同时包含有截面和时间两种维度的数据主要分为两种类型，一种是独立混合横截面数据，另一种是面板数据。独立混合横截面数据是这样收集到的：在多个时间点（通常有可能不是连续的年份）对同一主体进行抽样统计从而得到多维数据。因此独立混合横截面数据与单独的随机样本不同，第一在于多了时间的维度，因此数据量是随机抽样的样本的 N 倍，第二是独立混合横截面数据每次抽样的时候总体的分布可能不同。而面板数据则是在独立混合横截面数据收集的基础上增加了一个条件，即不同时期数据的来源不变，例如随机选取该市 50 名学生在 10 年内数学成绩的变化情况，在不同时期均收集的是这50 名学生的数据。

不同的数据处理的方法并不相同，独立混合横截面数据处理方法主要为混合最小二乘法，将不同时期的数据放在一起作为一整个截面数据来进行处理，并将不同年份作为虚拟变量进行回归分析。面板数据则可以分成固定效应模型及随机效应模型两类。它们的区别主要在于模型的假设不同。一个一般性的面板数据的回归模型可以用如下的方程来表示：

$$Y_{it} = \alpha_{it} + \beta_{it} X_{it} + a_i + u_{it} \tag{6-2}$$

在固定效应模型假设下，α_i 是影响 Y_{it} 又不随时间的变化而变化的所有无法观测到的因素，它与自变量 X_{it} 相关。在随机效应模型的假设下，a_i 影响 Y_{it} 但是还会随时间的变化而变化，同时它与自变量 X_{it} 无关。值得注意的是，独立混合横截面数据有极少数可能出现 $\beta_{i1} \neq \beta_{i2}$ 的情况，但是不论是固定效应模型还是随机效应模型，β_{it} 均不随时间的变化而发生改变。

本书选择的数据是未发布 2017 年半年报的 56 家创新层的企业在分层制度实施以前（2015 年下半年到 2016 年上半年）计算出来的融资效率数据和发布了 2017 年半年报的 56 家企业在分层制度实施以后（2016 年下半年到 2017 年上半年）计算出来的融资效率数据，因此是属于独立混合横截面数据类型。同时本书所感兴趣的是时间变化本身，即分层制度实施前后融资效率如何变化，因此利用时间（分层 L）的虚拟变量来判断分层制度的影响。本书对论文数据进行了 F 检验和 Hausman 检验，通过 F 检验得到的 P 值大于 0.1，通过 Hausman 检验得到的 P 值大于 0.1，因此本书选择的自变量不存在内生性问题。

（4）模型的回归结果。

本书通过运用软件 Eviews8.0 软件，对模型进行 Tobit 模型的分析，结果如表 6-18 所示。

表 6-18   **Tobit 回归模型结果**

Variable	Coefficient	Std. Error	z-Statistic	Prob.
FC	−0.142653	0.921272	−0.154842	0.8769
TA	−2.48E−06	4.73E−07	−5.247007	0.0000
DA	−0.695656	0.327641	−2.123225	0.0337
ROE	0.001797	0.000639	2.812220	0.0049
AT	0.056059	0.018426	3.042390	0.0023
L	0.052428	0.027573	1.901443	0.0572
C	0.717633	0.032245	22.25574	0.0000

结果表明融资成本 P 值 0.87，结果不显著，分层制度在 10% 的标准下显著，其余自变量在 5% 的标准下显著。

在第二次回归中去掉融资成本变量，得到的结果如表 6-19 所示。

表 6-19   **去掉融资成本的 Tobit 回归模型结果**

Variable	Coefficient	Std. Error	z-Statistic	Prob.
TA	−2.51E−06	4.46E−07	−5.617216	0.0000
DA	−0.691547	0.326600	−2.117413	0.0342
ROE	0.001799	0.000639	2.814074	0.0049
AT	0.054326	0.014641	3.710626	0.0002
L	0.052732	0.027506	1.917074	0.0552
C	0.715137	0.027929	25.60573	0.0000

（5）回归结果的分析。

分层制度实施的虚拟变量（L）系数为正，P 值 0.0552，在 10% 的统计水平下显著，因此分层制度提高了企业的融资效率，验证了之前的假设。

总资产的回归结果为负（-2.51E-06），且变量结果在 1% 的统计水平下显著。说明企业的总资产对企业的融资效率有反向作用，企业的规模已经足够，应该在现有规模下加强内部管理水平和盈利能力，进而提高融资效率，而不是盲目扩大生产经营规模，放任松散的管理组织体系等问题拖后腿。该结果与前文规模效率一直很高相一致，说明现有情况下企业的规模已经足够。

资产负债率的回归结果为负，变量结果在 5% 的统计水平下显著，与研究假设一致。说明当企业的资产负债率越高时，企业的融资效率越低。

总资产周转率的回归结果为正，且变量结果在 1% 的统计水平下显著。说明总资产周转率与融资效率成正向关系，与研究假设一致。总资产周转率综合反映了企业整体资产的营运能力，企业的总资产周转率越高，说明企业周转速度越快，营运能力也就越强。这就表明企业的资金运用能力越强，资金使用得更有效率，自然企业的融资效率越高。

净资产收益率的回归结果为正，且变量结果在 1% 的统计水平下显著。说明净资产收益率与融资效率成正向关系，与研究假设一致，便意味着公司获利能力越强，资金的运用能力也越高，融资效率也随之提升。但是净资产收益率的回归结果（0.001799）明显小于总资产周转率（0.054326）和融资成本（0.691547）的大小，说明净资产收益率对融资效率的影响没有总资产周转率和融资成本高。可能的原因是中小企业目前处于快速发展阶段，需要运用收益进行扩大再生产或者投入技术研发以增加企业竞争力，为将来的企业发展做铺垫，因此现在的收益可能没有那么高。因此显得净资产收益率对融资效率的影响没有很大。

6.5 本章小结

本书根据既有的企业融资理论、效率评价理论及资本市场分层理论，阐述了分层制度如何影响创新层企业的融资效率，并且利用数据包络模型对新三板创新层企业的融资效率进行了度量，对企业的融资效率在分层制度实施前后的变化进行了分析，同时利用配对样本 T 检验和 Wilcoxon 符号秩检验比较融资效率均值变化的显著性，最后运用 Tobit 模型对融资效率的影响因素进行了分析。

研究表明，虽然新三板创新层的企业融资效率仍然偏低，但是分层制度确实提高了整体的融资效率，其中规模效率提升明显，分层制度的实施促进了企业的融资规模，使得企业处于更好的营业规模进行生产，同时纯技术效率的数值很低，效率的分布变得更加集中，说明经过分层以后企业内部管理差异正在减少，但是企业内部管理能力仍然偏弱。

第7章 新三板创新层企业融资效率的实证研究

本章承接上一章,以新三板分层制度改革为切入点,梳理了分层后新三板创新层的发展状况,由此说明选取创新层企业为研究主体的原因。接着,通过定性分析创新层企业股权融资、债券融资及资产重组与转板的现状,提出其融资境况已改善,但融资效率仍有待提升的问题。通过实证研究测算创新层企业的真实融资效率,以定量角度衡量其融资境况是否得到改善,同时,通过与基础层企业的对比,分析其融资效率的改善程度。另外,通过剖析融资效率分解项——纯技术效率和规模效率,进一步探究创新层企业未达 DEA 有效的原因及其面临的融资困境。

7.1 新三板创新层的发展现状

7.1.1 新三板创新层一级市场发展现状

2013 年至 2016 年,新三板市场进入高速扩张阶段。以"扩充数量"为导向发展新三板一级市场,这使得许多中小企业有机会以非上市公众公司的身份迅速登陆资本市场。截至 2018 年 2 月 20 日,新三板挂牌公司已达 11635 家,相比 2014 年 10 月的 1232 家,仅 4 年就激增 844.40%。然而,创新层一级市场的发展并非如此。

结合表 7-1 和图 7-1,截至 2018 年 2 月 20 日,新三板创新层企业共 1325 家。从数量上看,创新层规模始终保持稳定。分层制度试行的首年里,创新层企业维持在 949 家左右,上下浮动比例不超过 1.00%。2017 年 5 月,经第一次分层资格重新审核后,创新层企业突破千家。从总股本看,创新层企业占新三板市场总股本稳定在 20% 左右。说明创新层一级市场是以质量为导向进行扩张的。

表 7-1　　　　　　　　　　　新三板创新层、基础层挂牌企业数

截止日期	创新层挂牌家数	基础层挂牌家数	合计
2016-06-30	953	6732	7685
2016-07-29	953	6964	7917
2016-08-31	953	7942	8895
2016-09-30	953	8169	9122
2016-10-31	953	8371	9324
2016-11-30	953	8811	9764
2016-12-30	952	9211	10163
2017-01-26	951	9503	10454
2017-02-28	949	9808	10757
2017-03-31	946	10077	11023
2017-04-28	941	10172	11113
2017-05-31	1393	9851	11244
2017-06-30	1392	9922	11314
2017-07-31	1389	9895	11284
2017-08-31	1381	10170	11551
2017-09-29	1376	10218	11594
2017-10-31	1372	10247	11619
2017-11-30	1362	10283	11645
2017-12-29	1353	10277	11630
2018-01-31	1333	10273	11606
2018-02-28	1325	10310	11635

资料来源：东方财富 choice。

　　分层制度推出后，许多未进入创新层的企业面临基础层流动性枯竭、企业良莠不齐等问题，会选择摘牌退市。从图 7-2 可看出，新三板挂牌企业在 2017 年第三、第四季度均出现了负增长。

　　由表 7-2 知，创新层企业总市值达 10945.24 亿元，接近基础层企业总市值的一半（44.62%），占新三板市场总市值 30.85%。创新层挂牌企业仅占基

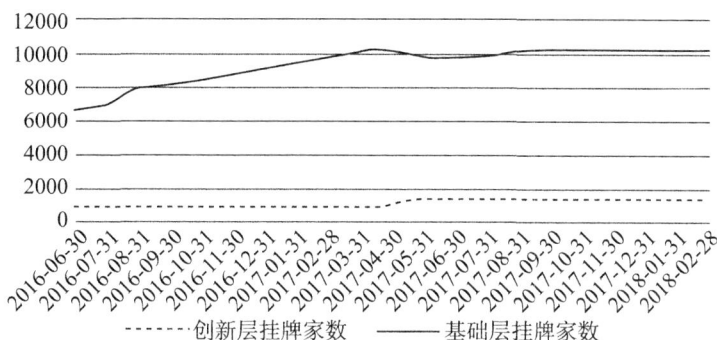

图 7-1　新三板创新层、基础层挂牌企业数

资料来源：东方财富 choice。

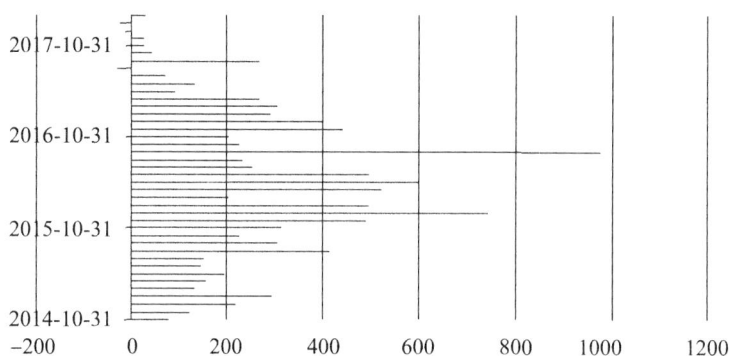

图 7-2　2014 年至 2018 年 2 月 20 日每月新三板挂牌企业新增数

　　资料来源：东方财富 choice。

础层的 12.85%，占市场总量的 11.39%。创新层企业不足基础层企业的1/5，总市值却接近基础层的一半，可见创新层聚集了较多新三板市场的优质企业。下面分行业对创新层一级市场进行分析。

表 7-2　　　　　　　　　　新三板分层规模统计表

类型	挂牌企业数	总市值
新三板市场规模	11635.00	35474.77
基础层规模	10310.00	24529.54

续表

类型	挂牌企业数	总市值
创新层规模	1325.00	10945.24
创新层占基础层比例	12.85%	44.62%
创新层占新三板比例	11.39%	30.85%

资料来源：东方财富 choice。

图 7-3 表明，截至 2018 年 2 月 20 日，制造业，信息传输、软件和信息技术服务业企业分别以 576 家、327 家位居创新层挂牌总数前两位，其他行业均不足百家。战略性新兴产业占据创新层总量的六成以上，说明在国家资源导向型政策的支持下，这类产业拥有一个较好的资本市场环境。

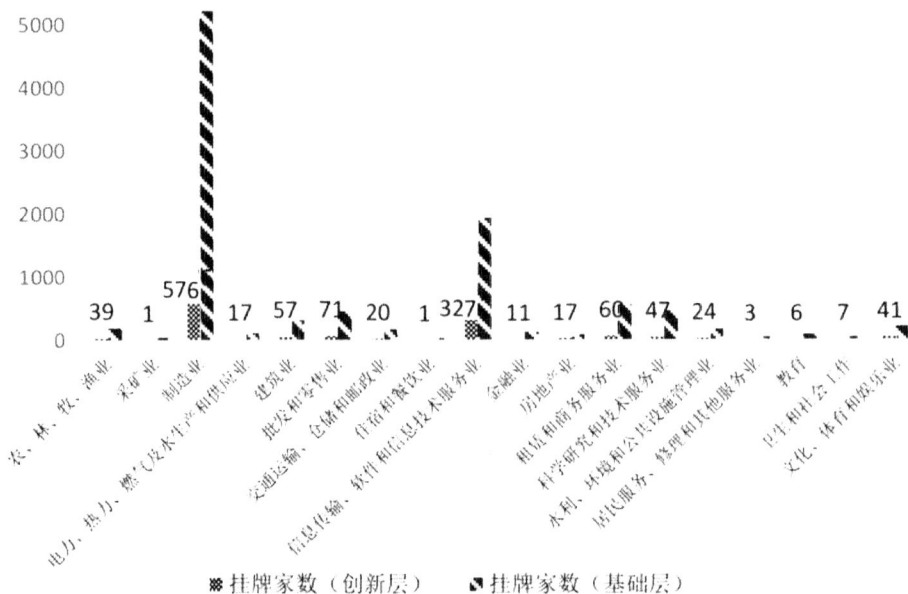

图 7-3　新三板创新层与基础层不同行业挂牌企业数对比①
资料来源：东方财富 choice。

① 根据证监会颁布的《〈上市公司行业分类指引〉（2012 年修订）》界定行业分类，下同。

结合图 7-4 和图 7-5 可知，其一，无论基础层还是创新层，制造业和信息传输、软件和信息技术服务业的市值总和占据创新层总量五成以上的份额，说明战略性新兴产业发展势头好。其二，无论是哪类行业，创新层整体的市值都不及基础层，这可能与基础层挂牌基数较大有关。

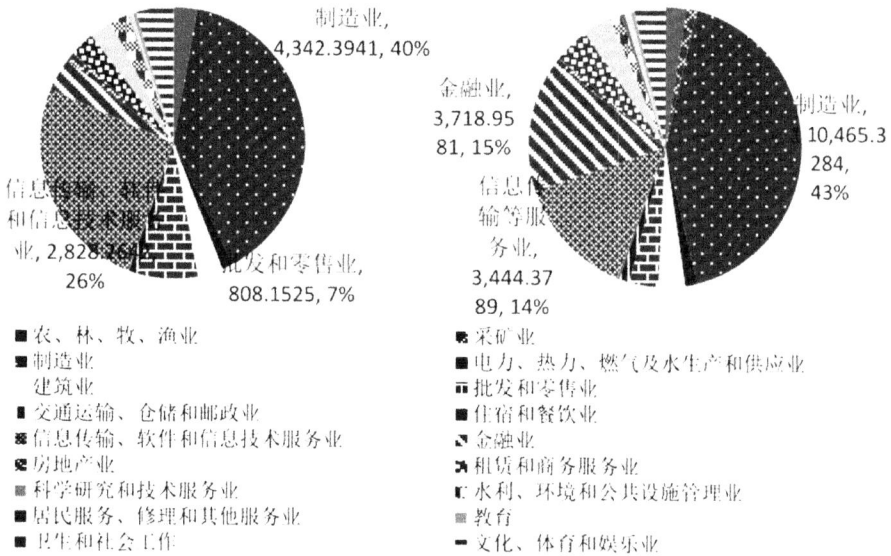

图 7-4 新三板创新层（左）、基础层（右）不同行业挂牌企业总市值（亿元）对比
资料来源：东方财富 choice。

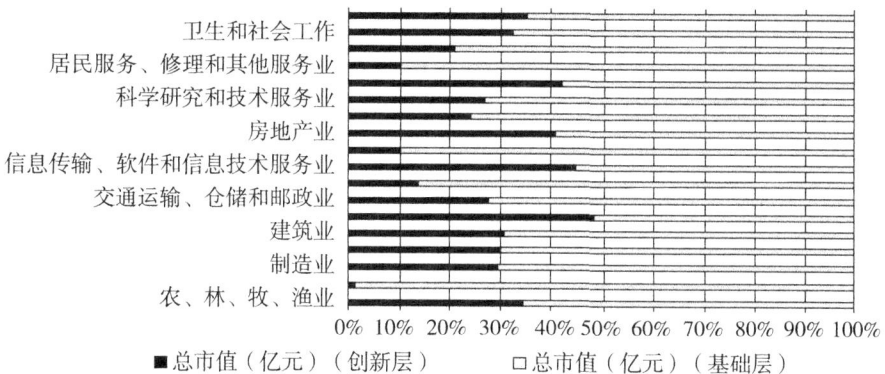

图 7-5 新三板创新层、基础层不同行业挂牌企业总市值（亿元）占比
资料来源：东方财富 choice。

7.1.2 新三板创新层二级市场发展现状

（1）指数。

如图 7-6 所示，创新层 4 类指数前期的市场表现几乎一致，2015 年 3 月走高后逐渐开始分化，创新层指数和创新层做市指数走势较为平稳，基础层做市指数一路走低，创新层竞价指数则"一路高歌"。这也能侧面反映图 7-2 的结果，分层管理后，市场对基础层的前景并不看好，以致许多留在基础层的企业纷纷摘牌退市。

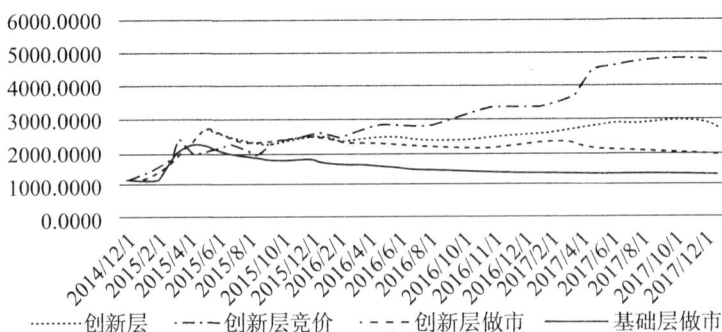

图 7-6 创新层指数、创新层竞价指数、创新层做市指数与基础层做市指数走势

资料来源：东方财富 choice。

（2）交易。

表 7-3 表明，截至 2018 年 2 月 28 日，创新层成交量和成交额分别为 53064.2152 万股和 280280.9296 万元，基础层成交量和成交额分别为 73554.5791 万股和 308593.1795 万元。由图 7-7 可知，基础层成交量长期大于创新层，而成交额方面，2017 年 6 月前创新层高于基础层，6 月后两个层次持平。说明基础层每笔成交额较小，成交量较大；而创新层成交量虽小，但每笔成交额都很可观。

表 7-3　　　　　创新层、基础层的成交金额与成交数量月度统计

截止日期	成交金额（万元）		成交数量（万股）	
	创新层	基础层	创新层	基础层
2016-06-30	145309.4000	146114.5300	20187.5700	57872.0000

续表

截止日期	成交金额（万元）		成交数量（万股）	
	创新层	基础层	创新层	基础层
2016-07-29	600654.5000	543192.7400	88068.0300	144392.0900
2016-08-31	776960.1000	616722.0100	114976.4300	141949.9600
2016-09-30	815835.4500	743121.3000	105664.0100	193903.5400
2016-10-31	760699.2700	671264.6500	86559.7800	186271.9000
2016-11-30	1170585.6400	898759.8100	133862.4300	238667.9800
2016-12-30	1339756.2800	1445472.4000	160175.0000	344661.2100
2017-01-26	833763.5700	893956.8400	109276.3900	203246.7900
2017-02-28	879707.4000	717437.2100	106973.7300	163715.8200
2017-03-31	1713815.7900	1225193.8200	212926.4600	243830.2200
2017-04-28	1070346.3700	936579.9600	127924.7800	239069.4800
2017-05-31	1028021.1100	983312.5100	115470.5200	240179.4400
2017-06-30	1007905.8446	1165165.8042	149906.7414	279337.9485
2017-07-31	695222.8212	848177.3037	115134.8850	219024.8656
2017-08-31	715819.9717	835109.7300	116822.2685	186797.8972
2017-09-29	825114.9693	879346.3444	128651.8177	185574.2037
2017-10-31	558977.9644	644630.7294	97000.5378	157926.0329
2017-11-30	947999.3511	925183.4120	144685.6036	230400.9928
2017-12-29	887623.2860	1499628.1658	142361.8167	415922.5280
2018-01-31	587133.7970	809225.2764	118085.7374	209140.8019
2018-02-28	280280.9296	308593.1795	53064.2152	73554.5791

资料来源：东方财富 choice。

由表 7-4 可知，基础层的原协议转让成交量是做市转让的约 2.14 倍，而创新层做市转让成交额是原协议转让的约 1.81 倍。结合图 7-7 和表 7-4 分析，基础层企业成交量大于创新层，其中原协议转让占据基础层成交量的

68.10%。说明在交易制度改革前，原协议转让仍是新三板主要的交易方式，而做市转让多见于创新层企业。

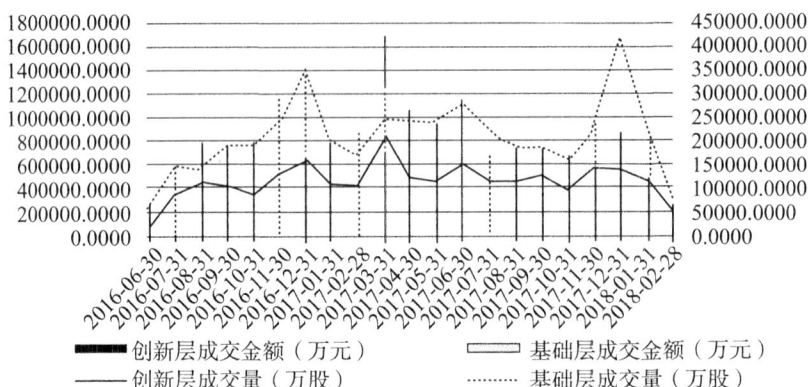

图 7-7　创新层、基础层的成交金额及成交量对比①

资料来源：东方财富 choice。

表 7-4　　　　不同层次做市转让与原协议转让的成交规模统计②

成交规模	企业数	成交量（万股）	成交额（万元）
基础层做市转让	842.00	1914112.81	9879011.96
基础层原协议转让	9468.00	4086897.69	19658011.02
基础层小计	10310.00	6001010.51	29537022.97
创新层做市转让	475.00	3134834.31	19781857.97
创新层原协议转让	850.00	1441379.41	10920508.07
创新层小计	1325	4576213.718	30702366.04

资料来源：东方财富 choice。

另外，由图 7-8 可看出，流动性在 2013 年扩容后开始分化，创新层流动性远远高于基础层。但创新层与创业板相去甚远，创业板 2011—2017 年的换

①　本图数据以挂牌首日为统计基期，截至 2018 年 2 月 20 日。

②　由于交易制度改革，本书涉及的 2018 年 1 月以前的竞价转让数据为原协议转让数据。另外，由于盘后协议转让不纳入即时行情和指数计算，因而本书不讨论盘后协议转让的相关情况。下同。

手率在 400% 与 800% 间浮动。

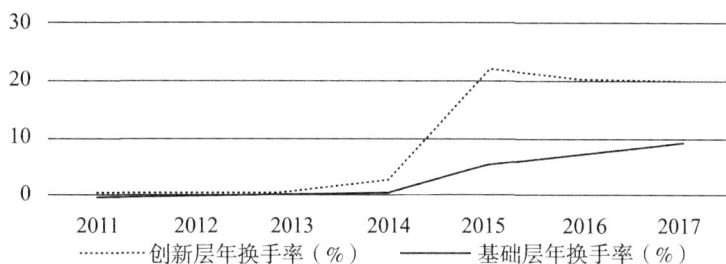

图 7-8 创新层与基础层年换手率变动
资料来源：东方财富 choice。

（3）估值。

截至 2018 年 2 月 20 日，创新层动态市盈率均值为 −120.04 倍，中位值为
18.88 倍；基础层动态市盈率为 56.96 倍，中位值 13.37 倍。由图 7-9、图 7-
10 可看出，创新层股票的市场表现比基础层更稳定，两个层次的动态市盈率
中位值走势几乎一致，可看出基础层挂牌企业质量参差不齐，市场表现略差于
创新层挂牌企业。

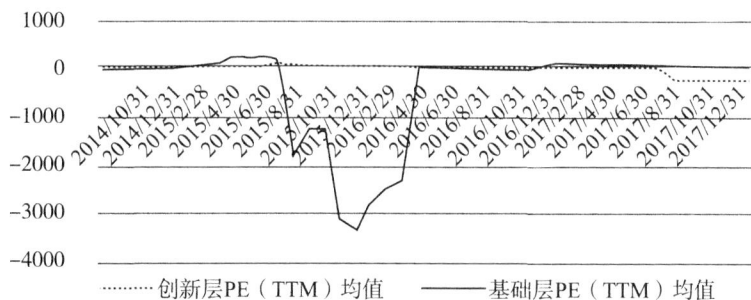

图 7-9 创新层、基础层市盈率（TTM）均值对比
资料来源：东方财富 choice。

总而言之，新三板市场正历经大规模扩容到优质发展的阶段性转变，而这
一重要转变的发力点则是创新层。新三板创新层的一级市场规模始终保持稳
定，虽然数量较少但市值较高。二级市场中，创新层相关指数走势向好，且同
基础层相比，其交易额大，流动性好，估值也较高。这表明创新层聚集了新三

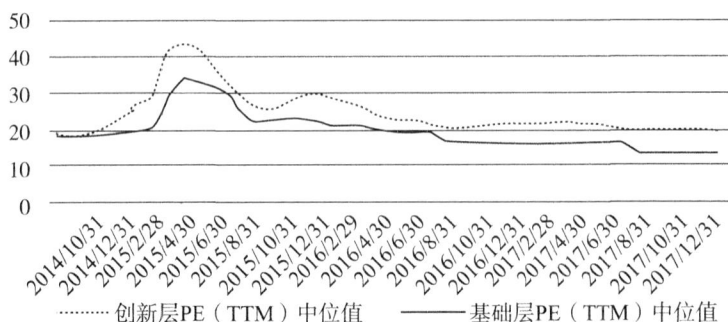

图 7-10 创新层、基础层市盈率（TTM）中位值对比

资料来源：东方财富 choice。

板绝大多数更为优质的企业。新三板作为"双创"的主体市场，是中小企业登陆资本市场、实现产融互动的重要平台。而创新层企业表现又优于基础层，本书选取创新层企业为研究主体，更具现实意义。

7.2 新三板创新层企业的融资现状及问题

7.2.1 股权融资

（1）定向增发概述。

新三板股票发行是指申请挂牌公司或挂牌公司向符合 NEEQ 投资者适当性管理要求的对象发行股票的行为。结合图 7-11 可知，新三板市场的股权融资渠道主要是非公开发行股票，即定向增发，可定向发行普通股或优先股。

股转系统明确规定，企业在新三板挂牌的同时即可进行定向融资，挂牌公司可先定向发行随后备案，且可申请一次核准分期发行。另外，新三板通过该方式增资后的新增股份也无明确的限售期规定，股东可随时转让其股份，挂牌公司基本实现了定向融资的"随时用随时发"。定向增发不仅为中小企业提供了更便捷的融资渠道，也凸显了新三板的融资功能。

因此，定向增发伴随着新三板扩容呈现井喷式的发展之势。

（2）定向增发现状。

①融资总量。

首先，分析融资规模，如图 7-12 所示，从纵向来看，2007 年至 2017 年，

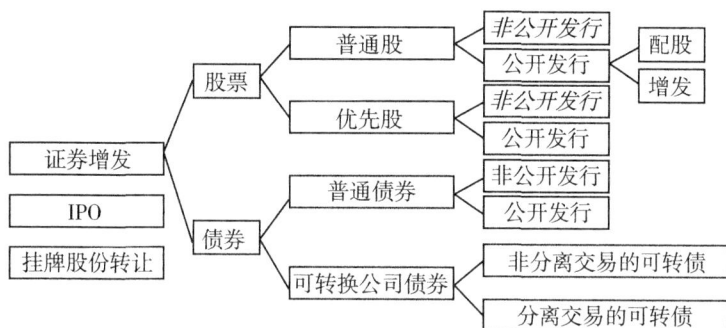

图 7-11 资本市场主要融资方式
资料来源：笔者自行整理。

新三板创新层企业定向增发募集资金分别为 1.28 亿元、62.55 亿元、464.93 亿元、667.96 亿元和 747.15 亿元，分别占新三板定向增发的 13.44%、48.32%、36.44%、45.20% 和 53.29%，呈逐年递增趋势。横向来看，2007 年至今，创业板的定向增发融资金额始终高于新三板创新层，且二者存在较大差距。

其次，从增发次数可看出，新三板创新层在 2016 年后增发呈下降趋势。2017 年增发 746 次，环比下降 8.6%。2018 年 2 月增发 14 笔，同比下降 77.78%。可见，在分层管理后监管层严把质量关，定增发行速度骤然下降并呈现持续下滑之势。

②融资行业结构。

由于数据限制，融资行业结构部分分析新三板市场整体情况，如图 7-13 所示。从行业分布看，2014 年至 2015 年新三板融资大量集中于金融板块，之后由于监管层对私募基金等金融机构挂牌做出限制，这一趋势自 2016 年出现变化。2016 年和 2017 年，制造业，信息传输、软件和信息技术服务业等属于战略新兴产业的行业列于行业融资总额前茅，事实上，这些行业也是创新层挂牌数最多的行业。

③融资地域分布。

由于数据限制，融资地域分布部分分析新三板市场整体情况。从地域分布看，2014 年至 2017 年北京地区股票发行融资额最高，因为早期"老三板"位于北京中关村附近，试点园区和挂牌企业较多。2015 年起，广东省融资比例逐渐有与北京地区比肩之势，其次是上海地区和江苏省，这是由于这类地区创新创业企业较多所致。

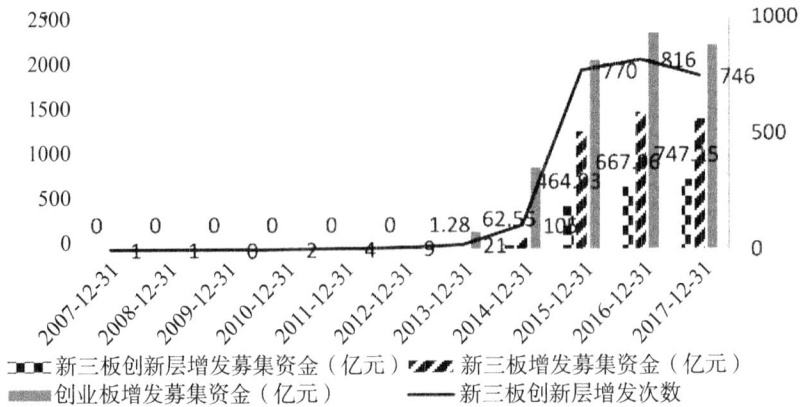

图 7-12　新三板创新层与新三板、创业板企业股权融资情况对比①

资料来源：东方财富 choice。

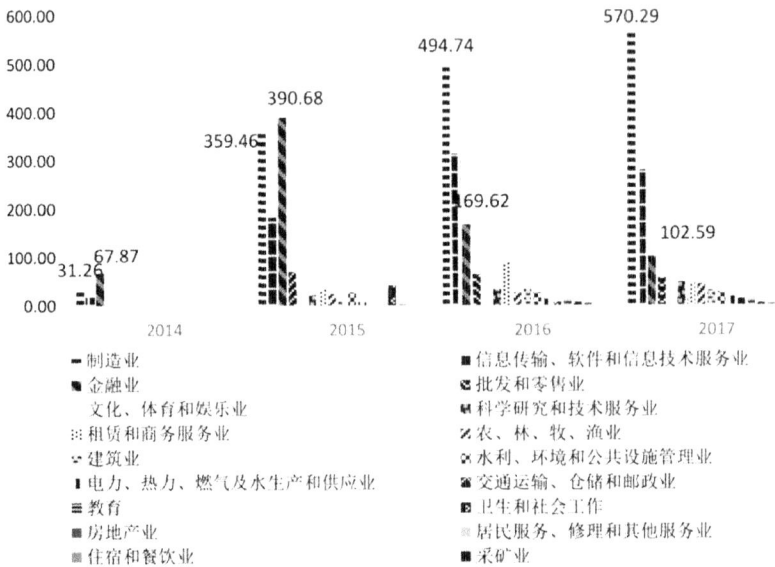

图 7-13　各行业新三板挂牌企业定增发行金额（亿元）

资料来源：全国中小企业股份转让系统 2014—2017 年市场统计快报。②

---

①　2007—2017 年数据仅统计定向增发融资完成额（不考虑定增实际募集资金），下同。

②　该快报自 2015 年起未统计综合类行业融资情况，为保证行业可比性，本书剔除 2014 年的综合类行业，其股票发行金额占 2014 年总量 1.21%，发行次数占 0.30%。

④融资后企业估值和业绩表现。

从融资规模看，新三板创新层企业融资以定向增发为主。同时综合考虑数据可获得性，下文仅在定向增发这一节分析企业融资后的估值和业绩表现。

由于2014年至2015年A股及新三板市场均出现大幅波动，图7-14的融资估值未统计2014年数据（830.62倍PE（TTM））。首先从整体看，如图7-14所示，新三板市场增发后企业估值比增发前高，2016年起情况反转。其次，如图7-15所示，2017年新三板企业增发后平均估值为25.25倍PE（TTM），同期新三板创新层为14.92倍、基础层为-11.53倍。新三板创新层企业融资后估值高于基础层。

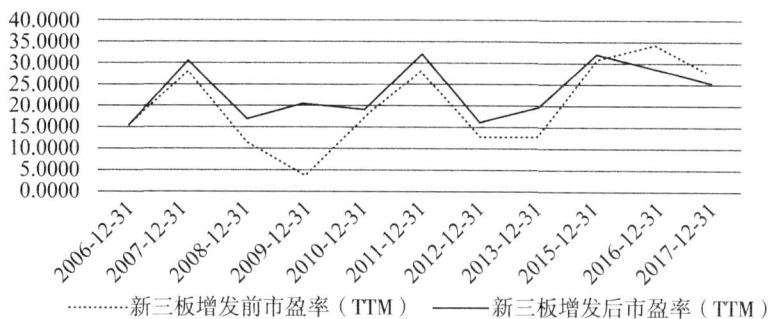

图7-14 新三板挂牌企业融资前后企业平均市盈率（TTM）对比
资料来源：东方财富 choice。

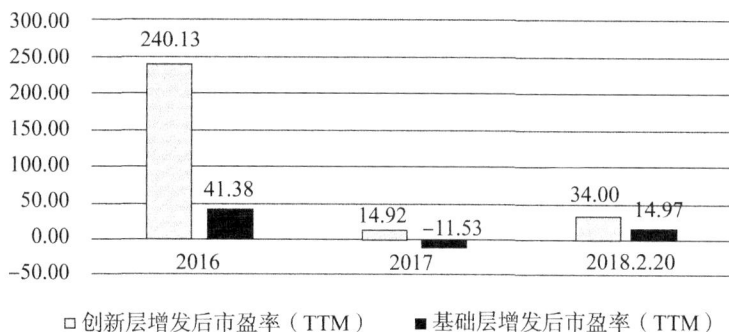

图7-15 不同层次融资后企业平均市盈率（TTM）对比
资料来源：东方财富 choice。

本书为简化分析，2015 年内完成定向增发的企业，仅获取其 2016 年年度业绩；2016 年内完成定向增发的企业，仅获取其 2017 年中报业绩。图 7-16 和图 7-17 表示，新三板基础层获得融资的企业，其整体业绩表现不及创新层。

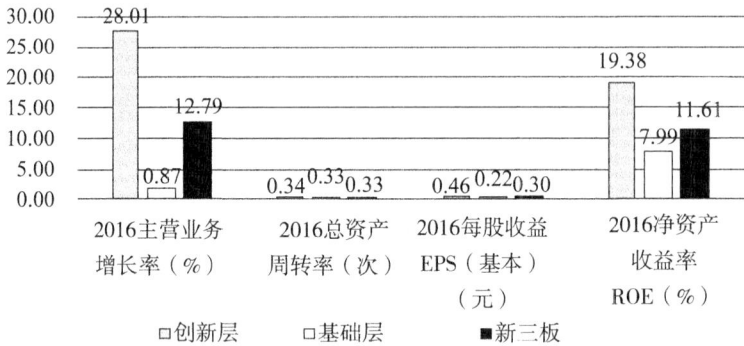

图 7-16　2015 年融资企业 2016 年度业绩

资料来源：东方财富 choice。

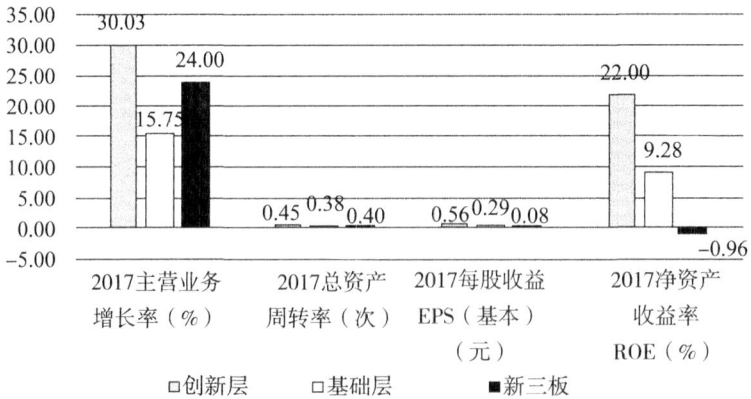

图 7-17　2016 年融资企业 2017 半年度业绩

资料来源：东方财富 choice。

7.2.2　债权融资

（1）发行债券概述。

截至 2018 年 2 月 20 日，新三板挂牌企业已发行的债券如图 7-18 所示。

2012年至今，新三板挂牌企业发债规模逐年增加。2015年至2017年，同业存单发行规模最大，主要是齐鲁银行等挂牌金融机构大规模发行所致。金融企业的行业特性决定了其资金流远超其他行业，若不考虑同业存单的发行量，其余债券发行规模不足200亿。

图7-18　新三板挂牌企业发行债券规模（亿元）①

资料来源：东方财富choice。

如图7-19，截至2018年2月20日，新三板创新层企业已发行的债券有金融债、可转换债券、短期融资券、券商专项资产管理、商业银行普通债、同业存单、证券公司债和资产支持证券。其中，同业存单发行规模最大，这与新三板市场整体情况一致。若不考虑同业存单，创新层企业发债规模不足50亿。

前述债券在现有研究中已有较多讨论，本书不再赘述，仅对2017年推出的创新创业可转换公司债券作详细分析。

（2）创新创业可转换公司债券。

为支持创新创业公司发展，规范创新创业公司非公开发行可转换公司债券业务行为，股转系统联合上交所、深交所和中登公司推出了创新创业可转换公司债券（以下简称"双创可转债"）。股转系统要求，除债券存续期限、股东

---

①　2009年发行金融债一笔，2010年发行企业债和短期融资券各一笔，2011年发行短期融资券一笔，以上债券发行规模均不足1亿元，不纳入统计范围；2018年统计数据为2018年1月至2018年2月20日的数据。下同。

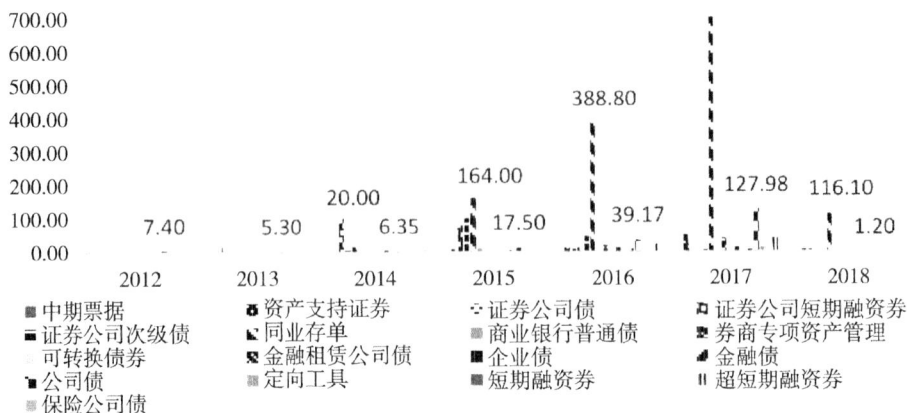

图 7-19　新三板创新层企业发行债券规模（亿元）①

资料来源：东方财富 choice。

人数等限制外，双创可转债只有创新层企业才可发行。这表示监管层迈出了新三板分层后差异化制度建设的第一步，极大程度推进了创新层融资功能的拓展。创新创业可转换公司债券是一种非公开发行债券，发行人特指创新创业公司。② 下面分析创新层企业发行双创可转债的现状。

①融资总量。

如图 7-20 所示，截至 2018 年 2 月 20 日，新三板企业共发行 18 笔双创可转债，其中创新层企业发行 12 笔（均含 2017 年 7 月前试行期发行的债券）。图 7-20 表明，2016 年、2017 年、2018 年 1 月—2 月 20 日新三板企业发行规模分别为 1.20 亿元、20.93 亿元和 0.25 亿元，这与市场体量相比显得杯水车薪。

②融资行业结构与地域分布。

如表 7-5 所示，从产业类型来看，双创可转债发行成功的创新层企业中有 75% 是战略性新兴产业，而国家高新区这一属性区别较小，甚至有超过一半发行企业不位于国家高新区内。

---

①　2018 年统计数据为 2018 年 1 月至 2018 年 2 月 20 日的数据。

②　《创新创业公司非公开发行可转换公司债券业务实施细则（试行）》，2017 年 12 月 25 日颁布。

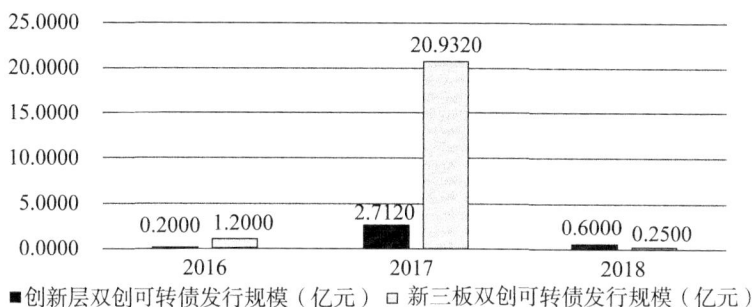

图 7-20　创新层与新三板市场双创可转债发行规模（亿元）①
资料来源：东方财富 choice。

表 7-5　　　　　　　　双创可转债发行企业行业结构和地域分布

创新层企业	战略性新兴产业		国家高新区	
	是	否	属于	不属于
发行双创可转债企业个数	9	3	5	7
占比（%）	75.00	25.00	41.67	58.33

资料来源：东方财富 choice，笔者自行整理。

　　监管层推行双创可转债，有利于遏制新三板"明股实债"的灰色行为，由此为投资者合法权益增加防护层、促进债市健康发展。但是，该制度的推出也势必加剧创新层的两极分化，于企业而言是一把双刃剑，需审慎对待。一方面，双创可转债拓宽了企业的融资渠道，同时释放宏观流动性和量化宽松预期；另一方面，若企业使用该工具融资，一旦业绩下滑且被投资人要求还本付息时，企业面临的刚兑压力势必激增。综合上述，双创可转债的推出恰逢其时，但其制度建设却任重道远。

　　（3）股权质押。

　　在定向增发、双创可转债及银行贷款等融资途径不畅的背景下，股权质押成为较多新三板企业的融资选择。而创新层企业具有透明度较高，管理相对规范等优势，对股权质押更是青睐。一方面，尽管 2017 年二级市场走势不乐观，但很多创新层企业的股票价格依旧坚挺，这为受押方、资金方提供了保障。另

———————

①　2018 年统计数据为 2018 年 1 月至 2018 年 2 月 20 日的数据。下同。

一方面，股权质押使金融机构有利可图，其可通过控制质押率来调控风险，并通过更高的利率获得收益，因而一些金融机构愿意为创新层企业提供质押服务。下面分析新三板创新层企业的股权质押现状。

从质押人类型看（见表7-6），创新层在2017年进行的1126笔股权质押中，有61.10%的质押人为创新层企业的实际控制人。

表7-6　　　　　　　　　创新层企业股权质押的质押人类型统计

质押人类型	质押人为非实际控制人	质押人为实际控制人	共计
质押笔数	438	688	1126
占总数比例	38.90%	61.10%	100.00%

资料来源：东方财富 choice。

从质权方类型看（见图7-21），银行占比逐年下降。2015年及以前主要质权方为银行，占比超过四成。至2017年，信托、保险、券商、小额贷款等非银行金融机构成为创新层股权质押的主要对象。主要原因是，近两年银行整体风险偏好发生明显变化，对房贷、股权等高风险产品的投资态度更为谨慎，加之整体流动性收紧，银行缺少资金来提供更多的质押服务。

如表7-7所示，截至2017年12月31日，在1126家进行股权质押的企业中，累计质押超过50%的企业有217家，股价处于预警线与平仓线区间的企业有70家，涉及市值约20.93万元；股价跌破平仓线的企业有187家，涉及市值约145.70亿元。股权质押一度成为创新层追捧的融资方式，但近几年它的风险不断积聚。作为质权人的银行和券商，其规范化相对较高，但如第三方机构等资金方的行为规范还需进一步约束，以避免受押方隐藏风险导致系统性风险聚集。

表7-7　　　　　　　　　　创新层企业股权质押风险统计

风险类型	企业数	占创新层企业比例	市值（万元）
累计质押超过50%	217	16.38%	—
股价跌破平仓线	187	14.11%	1456983.29
股价位于平仓线与预警线之间	70	5.28%	20.93

资料来源：东方财富 choice。

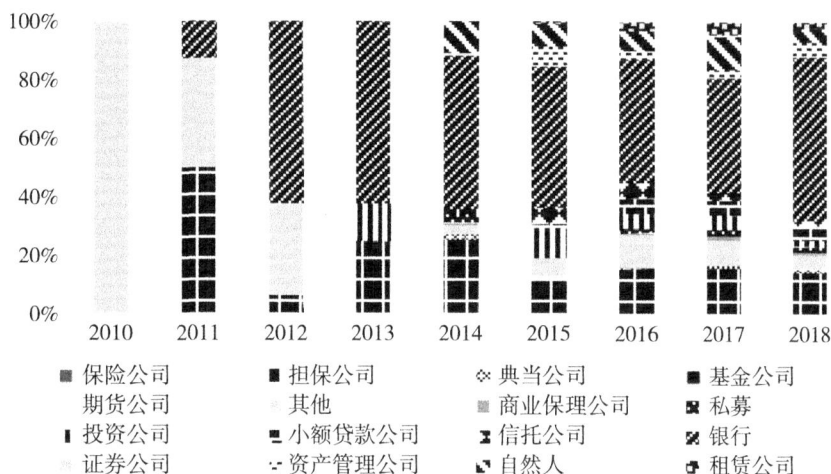

图 7-21 创新层企业股权质押质权人类型

资料来源：东方财富 choice。

7.2.3 广义上的融资

宏观来看，新三板作为我国资本市场的"塔基"，不仅壮大了众多中小微企业，为收购方提供优质的并购标的，同时也为更高层次的资本市场输送"新鲜血液"。微观来看，当这一市场对挂牌企业的资金需要供不应求时，这类企业则选择资产重组或"转板"来谋求更多融资。

（1）并购重组。

由于数据限制，本节分析新三板市场的资产重组情况。如图 7-22 所示，2014 年至 2017 年，新三板企业重组与收购交易次数逐年递增，重组交易近年增速放缓。如图 7-23 所示，2016 年与 2017 年收购交易规模激增，截至 2017 年 12 月 31 日，收购交易金额达到 476.41 亿元。

（2）转板。

实践中，"转板"的具体含义见图 7-24。

2016 年 12 月 19 日，国家发改委颁布关于战略性新兴产业发展的规划，提出积极支持符合条件的战略性新兴产业企业上市或挂牌融资，并研究推出新三板挂牌企业向创业板转板试点。这说明，首批的转板试点看很有可能在战略性新兴产业涉及的五个细分领域产生。以下数据统计也印证了这一猜想。

图 7-22　新三板重大资产重组交易统计

资料来源：全国中小企业股份转让系统 2014—2017 年市场统计

快报、东方财富 choice。

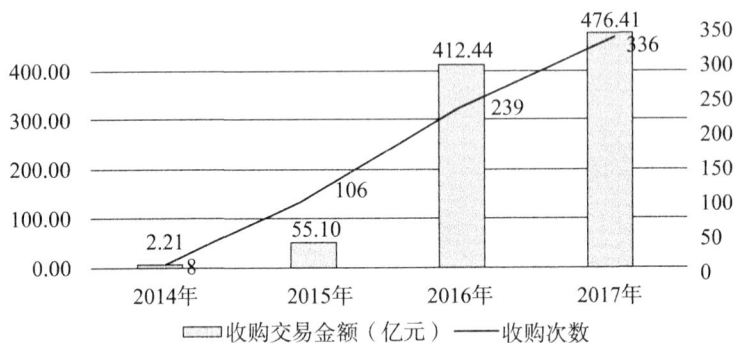

图 7-23　新三板收购交易统计

资料来源：全国中小企业股份转让系统 2014—2017 年市场统计

快报、东方财富 choice。

截至 2018 年 2 月 20 日，567 家新三板企业进入 IPO 辅导阶段，36 家成功转板，分别占新三板总挂牌企业数的 4.87% 和 0.31%。成功转板的企业均诞生于基础层，同时，近 7 成企业转板至创业板，属于战略性新兴产业的企业共 32 家，占比高达 88.89%。

图 7-25 表明，2015—2017 年，新三板申报 IPO 企业的融资额分别为 280 亿元、273 亿元、151 亿元，分别占新三板市场同年定向增发募集资金的 21.95%、18.47% 和 10.77%。由此可见，新三板融资总量与更高层次资本市场相比，差距较大。

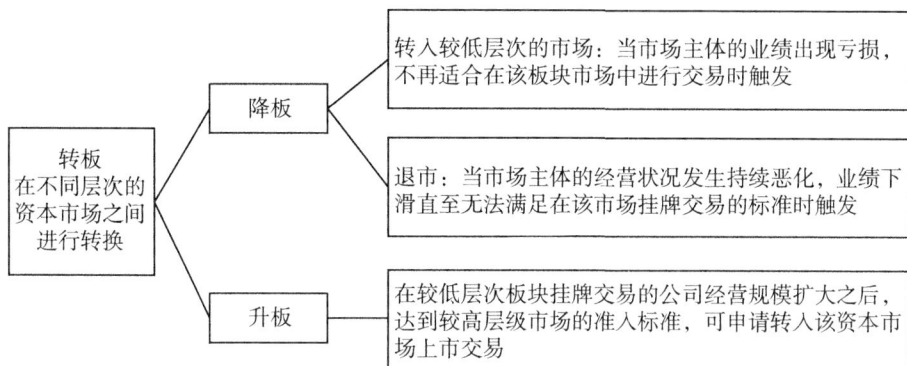

图 7-24   "转板"的含义

资料来源：笔者自行整理。

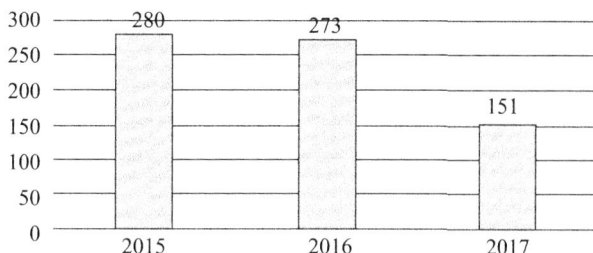

图 7-25   新三板申报 IPO 企业融资情况（亿元）①
资料来源：WIND。

7.2.4   创新层存在的融资问题

总的来看，新三板创新层融资功能依旧有限，其挂牌企业目前存在如下融资困境。

（1）定向增发融资总量可观，但发行速度骤降。

新三板创新层企业股权融资渠道以定向增发为主，且其融资额超过新三板市场定增融资总量的五成以上。从产业类型看，战略新兴产业定增融资规模远远大于非战略新兴产业；从地理位置看，高新园区融资潜力有待发掘。中关村园区融资规模首当其冲，沿海少数地区渐有与其比肩之势，其余园区中小微企

───────────

①   融资金额从 IPO 辅导阶段开始统计。

业的产业集群效应暂未显现。

与基础层相比，创新层企业定增融资规模可观，但自分层管理以来，监管层从严控"质"，定增发行速度急剧下滑。定向增发受阻导致企业可融入资金骤然减少，同时，企业需达到更严苛的标准才能提高发行成功率，直接抬升了企业融资成本，进而影响创新层融资效率。

（2）发债体量小，股权质押风险积弊显现。

新三板创新层企业债权融资渠道主要是发行债券和实施股权质押。发债方面，创新层企业发债融资规模不足 80 亿元，而为创新层"量身打造"的双创可转债，迄今为止创新层企业仅发行了 12 笔，融资规模与市场体量相比显得杯水车薪。发债体量小，导致创新层企业融资规模严重不足，进而影响融资效率。

股权质押方面，多数创新层企业已越过股权质押"红线"，超 60% 企业的实际控制人成为质押人。同时，银行等质权方收紧银根，第三方金融机构信息披露不规范等问题逐渐显现，股权质押风险不断累积。这表明多数创新层企业的资金使用成本较高，阻碍了融资规模扩张；融资结构管理不善，存在持续经营风险，进而影响企业融资效率。

（3）资产重组热潮掀起，创新层"转板"便利尚未实现。

从老三板发展至今的 12 年间，仅有 36 家基础层企业成功"转板"。创新层"转板"便利尚未实现的情况下，重组、收购交易的次数和规模激增。创新层企业融资渠道狭窄及流动性短缺导致其筹资效率低下，进而影响了融资效率。

从成本角度看，上述融资困境直接或间接地影响了规模、成本、结构等融资投入要素，使得创新层企业尚未达到"以尽可能低的投入筹集所需资金"的状态。从收益角度看，前文中"企业融资后业绩表现"的分析表明，创新层企业的盈利能力、经营能力、成长能力等融资因素的表现不太好。这说明创新层企业尚未达到"将所筹资金有效使用以获取尽可能多收益"的状态。由此表明，新三板创新层的融资困境或影响了融资投入或影响了融资收益，进而影响其融资效率。

另外，前述分析可看出，战略新兴产业、高新技术园区等环境变量也会对企业的融资投入要素产生影响，进而影响其融资效率。

7.3　模型描述与指标设计

无论是一级市场还是二级市场，创新层企业的市场表现都优于基础层，说明分层管理见效，但究竟创新层企业的融资状况是否得到改善以及其是否仍面临融资困境，尚需进一步探究。前文通过股权、债权、资产重组与转板三方面分析了创新层企业的融资现状。定性分析结果表明，创新层企业融资境况逐年改善，与基础层相比改善程度较高，但与更高层次资本市场相比，融资效率存在较大提升空间。本节分析得出创新层企业依旧存在融资困境，使得其尚未达到"以尽可能低的投入筹集所需资金，并将所筹资金有效使用以获取尽可能多收益"的最佳状态，融资效率仍有待提升。为进一步探究创新层企业融资效率的真实情况，本节对其进行了定量分析。

7.3.1　三阶段 DEA 模型描述

关于传统 DEA 模型与三阶段 DEA 模型的方法研究，Fried 等（2002）、魏权龄（2012）等学者已进行过许多论证并得到社会各界的认可，本书不再赘述，仅将基本原理作如下描述。

DEA（Data Envelopment Analysis），即数据包络分析法，用于衡量具有多投入多产出特点的评估对象之间的相对有效性，Charnes 等人创建于 1978 年。该模型将每个需评估的对象作为一个决策单元（Decision Making Units，DMU），进而构建一个由最小投入、最大产出的帕累托最优解组成的生产前沿面，通过判定各决策单元与"生产前沿面"的距离来测算其效率。

三阶段 DEA 模型通过三个阶段分析问题、解决问题，分述如下：

（1）第一阶段：传统 DEA 模型。

运用传统 DEA 模型对需要评估的决策单元进行数据包络分析。传统数据包络分析的应用模型有 CCR 模型和 BCC 模型，前者假设规模收益不变，后者放宽假设。传统 DEA 模型的导向选择有投入和产出。Fried 等（2002）首次提出三阶段 DEA 模型时使用的是以投入为导向的 BCC 模型。由此计算出两个数值：①各决策单元未剔除环境影响的初步 DEA 效率值，用于后续对比分析；②投入指标的冗余值，作为第二阶段的被解释变量。

（2）第二阶段：运用 SFA 模型回归分析。

首先，以投入指标的冗余值为被解释变量，以环境因素为解释变量构建随机前沿分析（SFA）模型。其函数表达式如下，释义如表7-8所示：

$$S_{ni} = f^n(Z_i; \beta^n) + V_{ni} + U_{ni} \qquad (7\text{-}1)$$
$$n = 1, 2, \cdots, N; \ i = 1, 2, \cdots, I$$

145

表 7-8　　　　　　　　　　　　　　　公式（7-1）释义

变　量	释　义
N	n 个投入
I	i 个决策单元
S_{ni}	第 i 个决策单元在第 n 个投入的松弛变量，表示理想投入与实际投入的差值
$f^n(Z_i;\beta^n)$	环境因素对 S_{ni} 的影响
取 $f^n(Z_i;\beta^n)=Z_i\beta^n$	Z_i 是了解到的 k 维的环境变量；β^n 是与环境变量相应的参数向量
$V_{ni}+U_{ni}$	表示联合误差项 ε_i，V_{ni} 与 U_{ni} 独立不相关
V_{ni}	表示随机误差，呈正态分布，即 $V_{ni}\in N(0,\sigma_{vn}^2)$
U_{ni}	表示管理的无效率，呈截断正态分布，即 $U_{ni}\in N(\mu_u,\sigma_{un}^2)$，一般来说 $\mu_u=0$，$U_{ni}>0$

资料来源：笔者自行整理。

其次，通过最大似然估计得出参数 β^n、σ^2、γ 的估计值。最后，将上述计算得出的 V_{ni} 和 U_{ni}，β^n、σ^2 和 γ 代入公式（7-2），得出同质环境下的新投入指标值 X_{ni}^*。其函数表达式如下：

$$X_{ni}^*=X_{ni}+\left[\max(Z_i\beta^n)-Z_i\beta^n\right]+\left[\max(V_{ni})-V_{ni}\right]$$
$$n=1,2,\cdots,N;\ i=1,2,\cdots,I \qquad (7\text{-}2)$$

表 7-9　　　　　　　　　　　　　　　公式（7-2）释义

变　量	释　义
X_{ni}^*	原投入 X_{ni} 在同质化调整后获得的新投入值
$\max(Z_i\beta^n)-Z_i\beta^n$	调整环境要素的影响。$\max(Z_i\beta^n)$ 代表位于最差环境条件的状况，其他决策单元所在的环境条件在此前提下加以调整，环境更好便加大投入，环境更差便减少投入，由此把全部的决策单元需要应对的环境调整成一致的程度
$\max(V_{ni})-V_{ni}$	调整随机误差要素的影响，原理请参考上面的讲解，最终让所有决策单元应对同样的环境条件

资料来源：笔者自行整理。

（3）第三阶段：再次运行 DEA 模型。

将同质环境下新投入指标值 X_{ni}^* 与原始产出值代入传统 DEA 模型，计算可得各决策单元真实的 DEA 相对效率。排除了外部环境因素和随机误差的影响，此时的效率测算值更明确反映出决策单元的管理效率情况。

7.3.2 融资效率评价体系构建

在相关理论和文献研究的基础上，结合三阶段 DEA 模型的特点、数据可得性与指标影响程度，本书选取 4 个投入指标，4 个产出指标，5 个环境指标，具体如表 7-10 所示。

表 7-10 　　　　　　　　基于三阶段 DEA 模型的融资效率评价体系

指标类型	影响因素	衡量变量	变量计算
投入指标	融资规模	资产总额（X_1）	总资产
	融资结构	资产负债率（X_2）	$\dfrac{\text{负债总额}}{\text{资产总额}} \times 100\%$
	融资成本	资金使用成本（X_3）	利息支出+拟分配现金股利+手续费及佣金支出
	经营成本	成本费用占收入比（X_4）	$\dfrac{\text{主营业务成本+期间费用}}{\text{营业收入}} \times 100\%$
产出指标	盈利能力	净资产收益率（Y_1）	$\dfrac{\text{净利润}}{\text{平均净资产}} \times 100\%$
	营运能力	总资产周转率（Y_2）	$\dfrac{\text{营业收入}}{\text{平均资产总额}}$
产出指标	发展能力	主营业务收入增长率（Y_3）	$\dfrac{\text{（本期主营业务收入−上期主营业务收入）}}{\text{上期主营业务收入}}$ $\times 100\%$
	价值成长能力	每股收益（Y_4）	$\dfrac{\text{期末净利润}}{\text{期末股本总数}}$
环境指标	地理位置	国家高新区（Z_1）	$Z_1 = 1$ 表示企业所属园区属于国家级高新区
	产业类别	战略新兴产业（Z_2）	$Z_2 = 1$ 表示企业属于战略性新兴产业
	企业规模	大型企业（Z_3）	$Z_3 = 1$ 表示企业规模属于大型企业
		中型企业（Z_4）	$Z_4 = 1$ 表示企业规模属于中型企业
	经济规模	销售收入（Z_5）	营业收入

资料来源：笔者自行整理。

（1）投入变量的确定。

融资规模、融资结构和融资成本作为融资投入要素衡量企业是否以尽可能低的投入筹集了所需资金，由此反映企业融资效率。为详细阐述衡量上述影响因素的变量，如表 7-11 所示。

表 7-11　　　　　　　　　　　　投入变量的确定

投 入 变 量	资产总额（X_1）：企业拥有或可控的以货币计量的经济资源；企业进行股权、债权、内源融资时影响资产总额，由此反映融资的规模
	资产负债率（X_2）：企业的资本结构及偿债能力；企业不同的融资方式直接影响资本结构，合理的资本结构可创造更多利润，降低融资成本，扩大生产经营，增强再融资能力，由此衡量融资结构
	资金使用成本（X_3）：外部融资涉及手续费及佣金支出、利息支出；内源融资涉及拟分配现金股利
	成本费用占收入比（X_4）：企业融入资金的配置能力；一定程度上决定了企业的产出和利润高低，由此衡量企业经营成本

资料来源：笔者自行整理。

（2）产出变量的确定。

获利能力、经营能力、成长能力属于融资利益因素，可以用来评估企业是否将所筹资金有效使用以获得尽可能多的收益，由此反映企业融资效率。同样，如表 7-12 所示。

表 7-12　　　　　　　　　　　　产出变量的确定

产 出 变 量	净资产收益率（Y_1）：企业运作自有资本的效率；企业所有者的权益水平，Y_1越高企业所有者获得的收益越高
	总资产周转率（Y_2）：企业生产经营过程中的资产流转速度，总资产周转率越高，企业资金流转速度越快；侧面反映企业资本运作能力和内部管理水平
	主营业务收入增长率（Y_3）：公司的运营状况与发展能力；该指标为影响公司永续运营能力的关键所在，增长率越高，企业发展势头越好
	每股收益（Y_4）：一定时期内企业经营成果对其价值增值的影响程度，不受股价波动影响，客观上可引导企业的投融资方向

资料来源：笔者自行整理。

（3）环境变量的确定。

环境指标是影响企业融资效率却不受资本市场机制所控、客观存在的外部差异性，即模型的外生变量。本书在三阶段 DEA 模型的第二阶段，以回归分析法研究环境条件对投入指标冗余值的影响，不考虑环境要素影响后的投入指标能更精确地得出效率值。结合前人研究以及第三章对融资困境的分析可知，规模、产业类别和地理位置等环境因素会对融资投入要素产生影响，进而影响融资效率。环境指标如表 7-13 所示。

表 7-13 环境变量的确定

环境变量	地理位置——国家高新区（Z_1）：虚拟变量，根据企业是否处于国家级高新技术园区设置。园内企业享受税收优惠政策，受益于产业集群效益，融资成本相对较低；园外企业自身经营规模受限，税负压力大，融资成本相对较高
	产业类别——战略新兴产业（Z_2）：虚拟变量，根据企业所处行业是否属于发改委颁布的《〈战略性新兴产业重点产品和服务指导目录〉（2016 年版）》确定。属于 5 类战略性新兴产业的企业无疑拥有丰沛的政策资源和较优的融资环境
环境变量	企业规模——大型企业（Z_3）和中型企业（Z_4）：虚拟变量，根据工信部 2011 年颁发的《中小企业划型标准规定》设置。创新层现有企业中不乏大型企业，企业规模必然引起融资成本的差异，进而导致融资效率不同
	经济规模——销售收入（Z_5）：沈忱（2017）提出，销售收入是企业最终实现的总量成果，是已经完全实现的生产价值。受行业特性的影响，不同企业经济规模差异较大，导致融资收益要素的表现不同，进而影响融资效率

资料来源：笔者自行整理。

7.3.3 样本选取与数据处理

截至 2018 年 2 月 20 日，新三板创新层挂牌企业共 1325 家，占新三板挂牌企业的 11.39%。许多企业仅在新三板挂牌，并没有实质性的融资行为，本书所选取样本企业均进行过融资活动，具体包括实施定增，发行债券，进行股权质押等。选取标准如下：①由于新三板成立时间短，且上述融资渠道扩容时期较晚，综合考虑样本规模与信息可获得的状况下，本书以 2015—2016 年期间都有融资的企业作为研究样本；②剔除金融类企业，该类企业现金流较大，影响投入产出指标的有效值；③剔除股票 ST 及 ST＊企业；④剔除财务数据缺失的企业。最终，本书筛选出符合要求的新三板创新层企业共 185 家。

由于本书设计的投入产出指标中部分增长率指标、收益性指标的数据为负，不符合 DEA 模型的要求；继而，不同指标之间，以及同一指标的不同样本之间均存在较大异质性，这可能会影响测算结果。参考上述两点，本书以功效系数法对初始信息加以去量纲化处理，具体公式如前文公式（5-1）所示。

7.4　融资效率测算结果分析

7.4.1　第一阶段 DEA 测算结果

本节利用 MaxDEA 软件，使用 CCR 和 BCC 模型对融资效率进行第一阶段 DEA 测算，测算所得技术效率（Technical Efficiency，TE）即为融资效率。它衡量的是企业在既定的融资投入环境变量地理位置——国家高新区（Z_1）：虚拟变量，根据企业是否处于国家级高新技术园区设置。园内企业享受税收优惠政策，受益于产业集群效益，融资成本相对较低；园外企业自身经营规模受限，税负压力大，融资成本相对较高。产业类别——战略新兴产业（Z_2）：虚拟变量，根据企业所处行业是否属于发改委颁布的《〈战略性新兴产业重点产品和服务指导目录〉（2016 年版）》确定。属于 5 类战略性新兴产业的企业无疑拥有丰沛的政策资源和较优的融资环境。企业规模——大型企业（Z_3）和中型企业（Z_4）：虚拟变量，根据工信部 2011 年颁发的《中小企业划型标准规定》设置。创新层现有企业中不乏大型企业，企业规模必然引起融资成本的差异，进而导致融资效率不同。经济规模——销售收入（Z_5）：沈忱（2017）提出，销售收入是企业最终实现的总量成果，是已经完全实现的生产价值。受行业特性的影响，不同企业经济规模差异较大，导致融资收益要素的表现不同，进而影响融资效率。条件下能够实现的最大融资收益。本书所指达到 DEA 有效，即为企业融资效率达到最优状态。另外，为探寻创新层企业融资未达到 DEA 有效的缘由，发掘其面临的融资困境，本节还测算了技术效率的两个分解项：纯技术效率（Pure Technical Efficiency，PTE）和规模效率（Scale Efficiency，SE）。纯技术效率的定义为在规模报酬能够发生变动的情况下，因为管理与技术等内部原因的影响，公司可否对投入资金加以合理使用。它主要衡量企业使用筹集资金所带来的收益，即资金使用有效率，反映资源配置能力。规模效率（SE）是指企业当前的融资渠道、融资成本和融资结构等是否能让企业的融资达到最优规模状态，侧面反映筹资效率。

新三板创新层企业 2015—2016 年的融资效率及其分解项测算结果如表 7-14 所示。所选 185 家样本企业 2015 年融资效率均值为 0.7209，2016 年上升至 0.8767，融资效率逐年提升，但在观察期内均没有实现 DEA 有效（技术效率为 1）。从实现 DEA 有效的企业个数来看，2016 年从 2015 年的 13 家企业上升到 16 家，但占总样本数的比重仍不容乐观，仅为 8.65%。

表 7-14　　　　第一阶段新三板创新层企业融资效率测算结果

年份	技术效率（TE）	纯技术效率（PTE）	规模效率（SE）	DEA 整体有效（个）	纯技术效率有效（个）	规模效率有效（个）
2015	0.7209	0.8950	0.7996	13	26	13
2016	0.8767	0.8805	0.8767	16	27	16

资料来源：笔者自行整理。

7.4.2　第二阶段 DEA 测算结果

本节将第一阶段 DEA 测算得到的各投入变量的冗余值作为被解释变量，国家高新区虚拟变量、战略新兴产业虚拟变量、大中型企业虚拟变量和销售收入等环境变量作为解释变量，使用 Frontier4.1 软件，采用 SFA 模型或 Tobit 模型进行了计量回归分析，并根据回归结果对各投入变量的原始值进行调整，以消除环境因素和随机干扰因素的影响。

由于 LR 单边检验统计量得分为 5.224，小于对应的临界值 10.371，拒绝了融资成本冗余的 SFA 模型设定。这表明，相比无效率项，随机误差占主导地位。因此，对融资成本冗余的回归估计应采用 Tobit 模型，并根据 Tobit 模型回归结果对原始投入加以调整。回归结果见表 7-15。

表 7-15　　　　各投入变量冗余的 SFA（TOBIT）回归结果

	资产总额冗余	资产负债率冗余	融资成本冗余	成本费用占收入比冗余
常数项	−0.0246	0.0657***	0.0161***	0.0939***
国家高新区（Z_1）	0.0030	0.0149	0.0005	0.0011

续表

	资产总额冗余	资产负债率冗余	融资成本冗余	成本费用占收入比冗余
战略新兴产业（Z_2）	−0.0013	−0.0708 ***	−0.0095 *	−0.0222
大型企业（Z_3）	−0.0147	−0.0026	−0.0208 **	0.0074
中型企业（Z_4）	−0.0031	−0.0029	−0.0026	0.0017
销售收入（Z_5）	0.0445	0.0175 *	0.0310 ***	0.0060
sigma-squared	0.0026	0.0624 ***	0.0445 ***	0.0149 ***
gamma	0.6300	0.7583 ***	—	0.4112 ***
Log-likelihood function	699.8953	145.8080	548.32266	314.0573
LR test of one-sided error	53.9465	57.9462	—	13.5123

注：***、**、*分别表示对应变量在 1%、5% 和 10% 的显著性水平上显著。
资料来源：笔者自行整理。

第二阶段回归模型的被解释变量是投入冗余，若环境变量的回归系数为正，则表示增加环境变量会使企业的投入冗余增加，不利于融资效率提高；相反，当环境变量的回归系数为负时，表明增加环境变量会使企业的投入冗余减少，从而提高企业融资效率。

由表 7-15 可知，各环境变量对四种投入冗余的影响方向基本一致，但程度差异较大。其一，国家高新区虚拟变量没有通过显著性检验，表明企业是否属于国家级高新区对其融资效率没有显著影响，国家级高新区的优势在新三板企业上没有明显体现。其二，战略新兴产业虚拟变量通过了资产负债率冗余和融资成本冗余的回归方程显著性检验，且符号都为负，意味着战略新兴类企业的这两项投入冗余相对较少，融资效率相对高于非战略新兴类企业。其三，大型企业的融资成本冗余相对较少，融资效率表现优于中小型企业，这与现实非常吻合，大型企业发展根基牢固、偿付能力强，能以更低的使用成本获取经营发展所需资金支持。中型企业虚拟变量没有通过显著性检验，相比大型、小型企业，4 个投入维度均没有融资效率上的优势。其四，表示企业经济规模的销售收入通过了两个方程的显著性检验，且系数为正，即经济规模越大，融资成本和资产负债率的冗余越高，融资效率越低。企业经济规模大表示所要经营的生产销售规模大，创新层企业多处于以技术研发为主的初创阶段，而成本管理水平、资本结构控制水平等无法跟进大规模的经济运营，中间环节的冗杂无效，导致融资效率低下。

综合上述，环境变量对新三板创新层企业的投入冗余和融资效率产生了较为显著的影响，由此导致面临良好经营环境的这类企业具有较佳的融资效率表现，而面临恶劣经营环境的这类企业融资效率表现较差。第一阶段测算的效率并不十分可信，为得出企业的真实融资效率，有必要对所有样本面临的"环境"进行同质化调整，以排除外部环境因素和随机扰动的影响。

7.4.3　第三阶段 DEA 测算结果

为了排除外部环境因素和随机误差对样本企业融资效率测算结果的影响，本节基于第二阶段 SFA 的回归结果，对投入要素进行相应调整，并使用 MaxDEA 软件再次对新三板创新层企业的融资效率进行测算，结果如表 7-16 所示。

表 7-16　　　第三阶段新三板创新层样本企业融资效率测算结果

年份	技术效率（TE）	DEA 整体有效（个）	纯技术效率（PTE）	纯技术效率有效（个）	规模效率（SE）	规模效率有效（个）
2015	0.7718	14	0.9917	41	0.7779	14
2016	0.8596	15	0.9899	37	0.8681	15

资料来源：笔者自行整理。

（1）技术效率分析。

从表 7-16 可知，2015 年样本企业融资效率均值为 0.7718，2016 年上升至 0.8596，其中融资实现 DEA 有效的企业由 2015 年的 14 家增加到 15 家，占比由 7.57%涨至 8.22%。由此推测，融资效率呈逐年改善态势，说明多数创新层企业分布在中高效率区间。但总体并未实现 DEA 有效，说明创新层仍面临融资桎梏，融资效率存在较大发展空间。为验证这种推测，以 0.2 为间隔，设置五个效率区间来分析创新层融资效率分布情况，如表 7-17 所示。

表 7-17　　　第三阶段新三板创新层样本企业融资效率（TE）分布情况

2015 年				
效率区间	0—0.2	0.2—0.4	0.4—0.6	0.6—0.8	0.8—1
企业个数	0	0	3	122	60
占比	0	0	1.62%	65.95%	32.43%

153

续表

2016 年					
效率区间	0—0.2	0.2—0.4	0.4—0.6	0.6—0.8	0.8—1
企业个数	0	0	0	27	158
占比	0	0	0	14.59%	85.41%

资料来源：笔者自行整理。

观察期内样本企业融资效率的分布验证了前文的推测之一，大部分创新层企业分布在中高融资效率（0.6—1）区间，且 2016 年较 2015 年效率得到有效提升。2015 年 0.6—1 区间企业个数占总样本的 98.38%，2016 年则达到了 100.00%。同时，2016 年位于 0.8—1 区间的企业占比达到了 85.41%。由此可见，创新层企业的融资效率较高，且呈现提升趋势，企业发展前景较为乐观。

（2）纯技术效率与规模效率分析。

为探究创新层企业融资效率的桎梏所在，本节对融资效率的分解项进行剖析。

从表 7-16 中可知，新三板创新层企业纯技术效率均值已十分接近 DEA 有效状态。2015—2016 年均在 0.99 左右。从实现 DEA 有效的企业数来看，2015 年有 41 家企业达到了纯技术有效状态，2016 年降至 37 家。纯技术效率水平较高表明新三板创新层企业的融入资金得到了合理配置，利用率较高。尽管纯技术效率已接近 DEA 有效，但创新层企业融资效率依旧与 DEA 有效存在差距。从规模效率来看，2015 年为 0.7779，2016 年上升至 0.8681，始终低于纯技术效率。同时，规模效率有效的企业数也较少，2015 年仅 14 家，2016 年升至 15 家。

由此可知，规模效率成为了制约创新层融资效率发展的主要因素。更准确的创新层效率分解项的区间分布情况，如表 7-18 所示。

表 7-18　第三阶段新三板创新层样本企业纯技术效率（PTE）与
规模效率（SE）分布情况

2015 年										
效率区间	0—0.2		0.2—0.4		0.4—0.6		0.6—0.8		0.8—1	
	PTE	SE	PTE	SE	PTE	SE	PTE	SE	PTE	SE
企业个数	0	0	0	0	0	3	0	120	185	62
占比	0	0	0	0	0	1.62%	0	64.86%	100%	33.51%

续表

	2016 年									
效率区间	0—0.2		0.2—0.4		0.4—0.6		0.6—0.8		0.8—1	
	PTE	SE	PTE	SE	PTE	SE	PTE	SE	PTE	SE
企业个数	0	0	0	0	0	0	0	23	185	162
占比	0	0	0	0	0	0	0	12.43%	100%	87.57%

资料来源：笔者自行整理。

由表 7-18 可知，2015—2016 年新三板创新层样本企业纯技术效率全部分布在 0.8—1 的高效率区间，资金配置合理，利用程度较高。而规模效率分布相对分散，2015 年有 3 家企业位于 0.4—0.6 中低区间，120 家位于 0.6—0.8 中高区间，62 家位于 0.8—1 的高效率区间。这种情况到 2016 年有一定的改善，23 家分布在 0.6—0.8 区间，其余均位于 0.8—1 的高效率区间。

由此可见，创新层企业纯技术效率均分布在高效率区间，接近 DEA 有效；规模效率整体有效程度不及纯技术效率，且分布差异较大。由此可见，创新层企业要想进一步提高融资效率，企业规模优化将成为突破口。

（3）规模报酬分析。

在上文对分解项的剖析中笔者得知，规模优化或将成为创新层企业融资效率提升的突破口，因而此处对创新层企业所处的规模报酬阶段进行分析。在其他情况维持不变的状况下，规模报酬评估公司对投入的因素（比如资本、人力等）加以等比增加或缩小时，所产生的利益变化状况。如果公司所在的时期属于规模报酬递增时期，便意味着其可适当扩张融资规模，以加大包括资本、人力在内的各项投入要素，攫取规模经济创造的利益，进而减少开支或费用，提升融资效率，试图达成 DEA 有效。如果公司所在的时期属于规模报酬递减时期，则意味着它的投入要素存在多余的现象，此时融资规模太大会导致资金、人力等资源管理混乱，尾大不掉，牵制企业发展。企业应缩小规模，科学分配资源，目的在于获得最好的融资形态。在公司位于规模报酬稳定形态时，就表明投入与产出已达成了最佳配置。表 7-19 提供了接近 190 家样本公司所处规模报酬阶段的分析结果。

表 7-19 第三阶段新三板创新层样本企业所处规模报酬时期研究表

年份	规模报酬递增企业数（个）	规模报酬不变企业数（个）	规模报酬递减企业数（个）
2015	171	14	0
2016	170	15	0

资料来源：笔者自行整理。

观察期间，185 家样本企业所处阶段均为规模报酬不变或递增，超九成的企业在融资活动中增加要素投入便能获得同等甚至更高的回报。由此看来，处于规模报酬递增阶段的企业得不到有效扩张，以致规模效率低下，进而影响融资效率成长，是新三板创新层企业融资效率的桎梏所在。此时，创新层企业应该加大要素投入量，以挖掘出更多的自身潜力，增强其盈利、运营等各项表征产出的能力，有效吸收规模经济的益处，从而又快又好地提高融资效率。

7.4.4 第一、三阶段 DEA 测算结果对比分析

从表 7-20 中可以看出，外部环境和随机因素对样本企业的融资效率产生了一定影响：（1）第一阶段融资效率低于第三阶段效率，表明第一阶段的计算没有准确预估外部条件对公司融资效率产生的影响；（2）第三阶段的纯技术效率较第一阶段也有所提升，外部经营环境对管理产生了抑制效果，干扰企业的纯技术效率，剔除这种因素干扰后的效率值更能准确反映新三板创新层企业的内部管理质量；（3）剥离外部因素后，企业规模效率有所下降，且无论是哪一阶段，规模效率偏低都是制约企业融资效率发展的主要因素。

表 7-20 第一、三阶段新三板创新层样本企业效率均值对比

效率	阶段	2015	2016
TE	第一阶段	0.7209	0.8767
	第三阶段	0.7718	0.8596
PTE	第一阶段	0.8950	0.8805
	第三阶段	0.9917	0.9899

续表

效率	阶段	2015	2016
SE	第一阶段	0.7996	0.8767
	第三阶段	0.7779	0.8681

资料来源：笔者自行整理。

为进一步考察第一阶段和第三阶段的效率结果是否存在统计意义上的差异，本书对两阶段的三对效率值做了均值差异性检验。

首先，利用 SPSS22.0 软件对第一、第三阶段技术效率、纯技术效率、规模效率 6 组数据分别做了 Kolmogorov-Smirnov 正态性检验，检验结果见表 7-21。

表 7-21　　　　　　　　　**Kolmogorov-Smirnov 正态性检验结果**

	TE3	PTE3	SE3	TE1	PTE1	SE1
渐近显著性	0.037	0.000	0.015	0.011	0.000	0.058

注：变量名称后附数字 1、3 分别代表第一阶段和第三阶段效率结果，数据为笔者自行整理。

检验结果表明，在 10% 的显著性水平下 6 组序列均拒绝了序列服从正态分布的原假设，因此需采用 Wilcoxon 秩和检验对这两阶段的效率值进行差异性验证。

Wilcoxon 秩和检验结果见表 7-22。3 组 P 值均小于 0.01，即拒绝了第一、第三阶段效率无差异的原假设，进一步确认了上文结论。

表 7-22　第一、三阶段新三板创新层样本企业效率 Wilcoxon 秩和检验结果

	TE1-TE3	PTE1-PTE3	SE1-SE3
Z 值	−11.666	−15.281	−11.394
渐近显著性（双尾）	0.000	0.000	0.000

注：变量名称后附数字 1、3 分别代表第一阶段和第三阶段效率结果，数据为笔者自行整理。

7.5　创新层与基础层融资效率对比分析

上节的分析告诉我们，创新层企业的融资效率在慢慢地增加，融资状况渐有改善之势。同时，通过分解项剖析得出创新层企业未达最佳融资效率的原因。为进一步探析创新层企业融资效率的改善程度，本节将创新层与基础层的融资效率进行横向比较。

7.5.1　融资效率对比分析

本节与前文所用评价体系、样本选取方法一致，通过三阶段 DEA 模型测算得出基础层 254 家样本企业 2015 年及 2016 年的融资效率。为简化分析，本节仅对比讨论第三阶段得出的真实融资效率。

由表 7-23 可知，观察期内，两个层次融资效率均有提升，但基础层始终低于创新层，且融资效率多损失了 13.07 个百分点。另外，创新层实现 DEA 有效的企业数量占比也高于基础层，2016 年达到了 8.11%，而基础层仅有 5.11%。由此说明，创新层企业对融资安排的投入收益配比优于基础层，新三板分层管理效果较好。

表 7-23　　　　　　新三板不同层次样本企业融资效率测算结果

年份	所属层次	技术效率（TE）	DEA 整体有效（个）	占比（%）
2015	创新层	0.7718	14	7.5676
	基础层	0.7038	12	4.7244
2016	创新层	0.8596	15	8.1081
	基础层	0.7289	13	5.1181

资料来源：笔者自行整理。

表 7-24 表明，2015 年，创新层与基础层分布在 0.6-1 效率区间的企业占比基本一致，达 96% 以上，但基础层仍有个别企业的融资效率位于中低区间（0.2-0.4）。2016 年，创新层融资效率稳步提升，85.41% 的样本企业均达到较高水平，且所有企业都位于中高效率区间，而基础层却停滞不前。这说明，

自 2016 年推行分层管理办法以来，相比基础层，创新层企业拥有一个更优质的资本环境，融资效率得到了更大提升，融资境况改善程度更高。但从观察期内基础层的效率停滞可以想见，在分层管理见效的同时也意味着新三板市场的两极分化，由此可能引致马太效应，即创新层企业欣欣向荣，同时加大基础层企业股份成为"僵尸股"的可能性。

表 7-24 　　　　　　新三板不同层次样本企业融资效率（TE）分布情况

2015 年									
区间	0—0.2		0.2—0.4		0.4—0.6		0.6—0.8		0.8—1	
层次	创新层	基础层	创新层	基础层	创新层	基础层	创新层	基础层	创新层	基础层
数量	0	0	0	2	3	6	122	234	60	12
占比	0	0.00%	0.00%	0.79%	1.62%	2.36%	65.95%	92.13%	32.43%	4.72%

2016 年									
区间	0—0.2		0.2—0.4		0.4—0.6		0.6—0.8		0.8—1	
层次	创新层	基础层	创新层	基础层	创新层	基础层	创新层	基础层	创新层	基础层
数量	0	0	0	2	0	4	27	235	158	13
占比	0	0.00%	0.00%	0.79%	0.00%	1.57%	14.59%	92.52%	85.41%	5.12%

资料来源：笔者自行整理。

7.5.2 融资效率分解项对比分析

同样，为探究两个层次的融资特点及创新层企业融资效率的桎梏所在，本节对融资效率的分解项进行对比。

从纯技术效率来看，前文分析结果已表明，创新层纯技术效率接近 DEA 有效，但结合表 7-25 可知，观测期内创新层企业纯技术效率均低于基础层。从规模效率来看，创新层由 2015 年的 0.7779 上升至 2016 年的 0.8681，提升 11.60%；基础层 2015 年规模效率为 0.7035，2016 年为 0.7309，提升 3.9%，涨幅不及创新层。

表 7-25　　　　　新三板不同层次样本企业融资效率分解项测算结果

年份	所属层次	纯技术效率（PTE）	规模效率（SE）	纯技术效率有效（个）	占比（%）	规模效率有效（个）	占比（%）
2015	创新层	0.9917	0.7779	41	22.1622	14	7.5676
	基础层	0.9937	0.7035	61	24.0157	12	4.7244
2015	创新层	0.9899	0.8681	37	20.0000	15	8.1081
	基础层	0.9934	0.7309	67	26.3780	13	5.1181

资料来源：笔者自行整理。

　　从表 7-25 可看出，两个层次的纯技术效率均接近 DEA 有效，且样本企业都位于高效率区间，但创新层达到纯技术有效的企业占比不及基础层，且从 2015 年的约 22.16% 下降至 2016 年的约 20.00%，减少 2 个百分点。

　　结合表 7-25 和表 7-26 可得出，规模效率同为制约两个层次融资效率发展的主要因素，但创新层在观测期对这一缺陷的改善程度较高。主要原因是分层管理为创新层营造了一个良好的资本环境，拓宽创新层企业融资渠道，进而降低其资金使用成本并改善其融资结构，使其能迅速扩张规模，攫取规模经济带来的利润。另外，创新层仅有少数企业达到资金有效使用状态，资源管理能力仍有提升空间。

表 7-26　　　　　新三板不同层次样本企业纯技术效率（PTE）和
规模效率（SE）分布情况

年份	分解项	层次	0—0.2		0.2—0.4		0.4—0.6		0.6—0.8		0.8—1	
			数量	占比	数量	占比	数量	占比	数量	占比	数量	占比
2015	PTE	创新层	0	0	0	0	0	0	0	0	185	100%
		基础层	0	0	0	0	0	0	0	0	254	100.00%
	SE	创新层	0	0	0	0	3	1.62%	120	64.86%	62	33.51%
		基础层	1	0.39%	1	0.39%	6	2.36%	234	92.13%	12	4.72%
2016	PTE	创新层	0	0	0	0	0	0	0	0	185	100%
		基础层	0	0	0	0	0	0	0	0	254	100.00%
	SE	创新层	0	0	0	0	0	0	23	12.43%	162	87.57%
		基础层	0	0	0	0	6	2.36%	235	92.52%	13	5.12%

资料来源：笔者自行整理。

综合上述分析可知：（1）相较基础层，创新层企业的融资效率更接近有效状态，同时，创新层规模效率的相对提升表明分层后其融资境况改善程度较高；（2）即使在融资效率不及创新层的情况下，基础层的纯技术效率表现仍优于创新层。这说明，在融资活动中创新层企业的资源配置能力还存在较大的提升空间。

7.6　本章小结

本章采用三阶段 DEA 模型对新三板创新层企业的真实融资效率进行了测算，以期从定量角度衡量新三板分层效果，探究创新层企业真实的融资状况是否得到改善，并通过与基础层企业横向比较，分析创新层融资效率的改善程度。另外，本章还对融资效率进行解剖，分析纯技术效率和规模效率以探析创新层企业未达最佳融资效率的原因及当前融资面临的桎梏。

本章首先根据所构建融资效率评价体系，选取 2015—2016 年 185 家新三板创新层企业的相关数据，利用三阶段 DEA 模型，测算得到了创新层企业技术效率（即为融资效率）。其次，综合考虑内外部因素，本书采用 SFA 模型回归检验了区域、行业、规模等外部环境因素对企业融资效率的影响。随后，通过剔除外部环境因素及随机干扰因素产生的影响，获得新三板创新层企业真实的融资效率及其分解项——纯技术效率和规模效率。并作 Wilcoxon 秩和检验，辅证知第一、三阶段的效率值确实存在统计意义上的差异。通过分析测算结果可知，新三板创新层企业的融资效率逐年提升，融资境况渐有改善之势。

本章还将创新层公司和基础层公司的融资效率加以对比，结果发现，前者的融资效率优于基础层，且效率损失减少，表明分层管理见效，创新层融资境况改善程度较高。另外，笔者发现创新层企业融资效率虽然渐有改善，仍未达到 DEA 有效，依旧存在融资困境。通过对融资效率分解项的分析及横向比较分析得知原因如下：处于规模报酬递增阶段的创新层企业得不到有效扩张，以致规模效率低下，进而制约融资效率成长。同时，外部经营环境对管理产生了抑制效果，使得资金使用有效率未得到进一步提升，甚至有所下滑，这也是导致创新层企业未达最佳融资效率的原因之一。

第8章　研究结论及对策建议

8.1　研究结论

本书首先基于国际、国内研究背景及我国新三板中小企业融资现状，总结出了我国中小企业融资效率影响因素，并据此构建了本书融资效率评价指标体系；首先使用 DEA 的 BC^2 模型分别计算创新层样本企业在分层制度实施前后企业融资效率，然后通过 Wilcoxon 符号秩检验方法检验是否在分层制度实施以后，相比于分层制度实施以前，创新层企业融资效率变得更高，最后通过 Tobit 模型对融资效率的影响因素进行了分析。

笔者认为对整体企业融资效率的分析以及分行业静态、动态分析比较是分层制度影响新三板创新层企业融资效率的实证检验的前提，分层前后创新层企业融资效率的测算及分析以及分层前后企业融资效率的比较检验也是深入进行新三板创新层企业融资效率的实证研究的前提，新三板创新层企业融资效率的实证研究是本书的落脚点和点题章节。在此，谨将主要实证研究结论分述如下：

8.1.1　新三板企业融资效率的测度及影响因素分析结论

本书在分析新三板企业现状的基础上，通过对 64 家创新层企业和 268 家基础层企业在 2014—2016 年期间的融资效率情况进行探究，以此来了解新三板市场的融资效率情况。主要结论有：

（1）新三板企业的融资效率水平较高，但达到融资有效的企业占比偏低，其中创新层中融资有效的企业占比要高于基础层。

从综合融资效率的值域范围来讲，基础层企业融资效率的值域范围为 [0.2，1]，而创新层企业融资效率的值域范围为 [0.5，1]，无论是基础层还是创新层企业，融资效率值在 [0.7，1] 范围内的企业占比始终最高。

2014—2016 年期间，基础层企业中达到融资有效的企业占比依次是

3.73%、3.73%、2.99%，创新层企业中达到融资有效的企业占比依次是20.31%、14.06%、18.75%，基础层和创新层之间融资效率的表现差异与企业的非均质性有关，创新层企业的资质水平整体要优于基础层。

（2）新三板企业综合效率的波动变化主要受规模效率变化影响；受规模效率影响，创新层企业的综合效率表现要好于基础层企业。

2014—2015年期间和2015—2016年期间，基础层企业综合效率均值的变化率依次是-15.38%、14.39%，而规模效率均值的变化率依次是-15.75%、13.73%；创新层企业综合融资效率均值的变化率依次是-10.02%、9.24%，而规模效率均值的变化率依次是-7.46%、7.85%。

2014—2016年间，基础层企业综合融资效率均值水平的测度结果依次为0.813、0.688、0.787，规模效率均值水平依次为0.908、0.765、0.870，纯技术效率均值水平依次为0.896、0.898、0.905；创新层企业综合融资效率均值水平的测度结果依次为0.878、0.790、0.863，规模效率均值水平依次为0.978、0.905、0.976，纯技术效率依次为0.897、0.872、0.884。

（3）研发支出比例和第一大股东持股比例与企业的融资效率为正比例关系，销售成本率、资产负债率和做市商机制三个指标则和公司的筹资效率为反比例关系。

就创新层企业而言，研发支出比例、第一大股东持股比例、销售成本率、资产负债率、做市商制度全部都通过显著性检验；除研发支出比例、第一大股东持股比例外，其他变量均与企业融资效率呈负相关关系。从基础层企业来看，自变量对因变量的作用方向与创新层企业的结果相同，第一大股东持股比例、研发支出比例、做市商制度和资产负债率均通过显著性检验，而销售成本率不通过检验，这说明基础层企业的销售成本率与融资效率之间还没有形成显著的相互作用关系。

8.1.2 新三板挂牌企业融资效率分行业分析结论

本书以274家新三板挂牌企业为样本，其中信息技术型企业130家，工业型企业63家，首先使用DEA的BCC、CCR模型分析了新三板挂牌企业的整体融资效率，然后对样本企业分行业进行了更细致的研究。本书主要选择了科技含量较高的信息技术业和科技含量相对较低的传统工业，探究两个行业在融资效率上是否存在差异。结论如下：

（1）从描述性统计可知，新三板挂牌企业的整体规模在不断扩大，但是净资产收益率在逐年减少，挂牌企业间的盈利能力、成长性的差别较大。分行业来看，挂牌工业型企业的规模、主营业务成本、资产负债率略高于信息技术型企业，这可能与工业型企业需要更多的资金购买固定资产和原材料的性质有关；而信息技术型企业由营业收入增长率反映的成长性要高于工业型企业。

（2）新三板挂牌企业的融资效率整体偏低，但从 2014—2016 年，实现综合技术有效的企业占比在不断增加。将复合技术效率加以分解能够了解到，上市公司能够达成纯技术效率有效的占比与复合技术有效的占比多，说明部分企业无法达到综合技术有效是企业目前规模与最优规模的差距导致的。对于规模效率递增的企业，可以通过增大融资投入来提高融资效率；规模效率递减的公司，必须提升其技术与管理能力，让投入的要素能更好地协调，更好地提高融资效率。

（3）信息技术型企业不仅在实现综合技术有效的比例上高于工业型企业，而且它的综合技术效率均值也高于工业型企业，即信息科技类公司的筹资效率比工业类公司要高。不仅如此，信息科技类公司的筹资效率也高于新三板市场整体的融资效率，而工业型企业虽然达到综合技术有效的企业的比例高于新三板市场平均水平，但是综合技术效率的均值却低于市场平均水平。此点表明信息科技类公司间的筹资效率差距不明显，筹资效率良好的企业占比多，融资效率均值也高。而工业型企业间的融资效率差别较大，虽然融资效率优秀的企业占比多，均值却低于市场平均水平。

（4）2014—2016 年间，信息技术型企业的融资效率是呈下降趋势的，而工业型企业的融资效率是呈上升趋势的。信息技术型企业融资效率下降的原因有两个，一个是市场融资机制、融资渠道、风险管理等外部因素导致技术退步，另一个是企业内部管理水平的下降。工业型企业虽然也受技术退步的影响，但其纯技术效率和规模效率都是朝着积极的方向变化的，这种积极的变化抵消了技术退步的消极影响，所以工业型企业的融资效率整体是上升的。

8.1.3 分层制度对新三板创新层企业融资效率的影响分析结论

本书从理论上分析分层制度如何影响企业融资效率，然后运用 DEA 模型结合配对样本 T 检验和 Wilcoxon 符号秩检验进行实证检验并得到结论。主要研究结论如下：

第一，分层制度提高了创新层公司总体的筹资效率，提高的关键缘由为提升了公司的规模效率。

在该制度实行前，新三板创新层的筹资效率均值为 0.733，实施之后新三板创新层企业的融资效率均值为 0.767，分层后企业的融资效率升高，配对样本 T 检验的结论是均值变化显著，分层制度增加了创新层企业的融资效率。同时根据 Tobit 模型得到的结果可知，分层制度的系数为正，且在 10% 的统计水平下显著，分层制度实施以后创新层企业融资效率增加。企业的规模效率提升，均值由 0.918 上升到 0.936，差异显著，有更多企业处于规模报酬不变的阶段，说明整体来看分层制度实施以后企业的规模向着最佳规模变化，规模效率获得了提升，考虑分层制度实行前后公司大体均位于规模报酬递增状态的现状，说明分层制度提高了企业的规模效率。规模效率值 0.923 与 1 非常接近，说明规模效率已非常高，新三板创新层企业融资效率不高的主要因素在于纯技术效率不高。

第二，虽然企业的纯技术效率没有升高，但是分布更加集中，差异正在降低。

纯技术效率指的是企业在规模报酬可变下的融资效率，分层制度实施前后，创新层企业融资效率中的纯技术效率均值由 0.802 上升到 0.820，均值差异不显著，但是效率的分布更加集中。因此整体来说，分层制度降低了创新层企业纯技术效率的差异程度，有部分企业在分层后利用与机构投资者的合作提高了自身的管理水平，增加了纯技术效率，减少了企业之间的差异。同时纯技术效率具有较大上升空间，这是因为创新层企业本身内部治理能力不强，因此有上升的空间。

第三，大部分企业已经处于最佳规模，应在调整资本结构、优化生产经营方式、提升自身经营管理水平的基础上再去增加经营规模。

根据 DEA 模型测算的结果，企业规模效率已经处于很高的水平，上升的空间已经不多。同时根据 Tobit 模型结果，企业的规模对筹资效率将产生负作用，同时公司资本负债率对筹资效率也为负作用，即企业目前的经营规模在现有管理水平下过高，不应该继续无效率融资，而是应该加强自身的管理水平，提高管理效率进而提高融资效率，同时运用股权资金偿还债权资金，优化自身股权结构，从而达到提升融资效率的目的。

第四，营业利润率对企业的融资效率的影响程度不高，相对于营业利润率而言，总资产周转率对企业的融资效率的影响程度更高。

营业利润率（ROE）的系数值为 0.0018，远小于总资产周转率（AT）的系数 0.0543，因此说明相比于直接提高企业盈利水平，体现企业的收入能力，新三板创新层企业目前更应该将重心放在提高企业资产管理能力和内部管理能力上，更多的利润则应用于创新，使得企业进一步提升自身的竞争力。

综上所述，政府需要利用政策积极帮助新三板企业与金融组织投资者实现合理对接，让公司在当前运营规模的前提下提升其内部管理与经营能力，提升资金的利用率，同时还需要政府出台政策支持新三板创新层企业的再创新活动，保证公司在细分市场方面的市场地位，提高公司的发展能力，从而提升公司的筹资效率。

8.1.4 新三板创新层企业融资效率的实证研究结论

本书以分层制度改革为切入点，梳理了新三板创新层的发展情况，将新三板创新层公司当作研究主体的原因。接着，定性分析了新三板创新层企业股权融资、债权融资、资产重组与转板的现状，结果表明，创新层企业的融资境况渐有改善之势，但依旧存在融资困境，使得其尚未达到"以尽可能低的投入筹集所需资金，并将所筹资金有效使用以获取尽可能多收益"的最佳状态，融资效率有待提升。为探究创新层企业融资效率的真实情况，本书采用三阶段DEA模型对其展开实证研究。通过与基础层对比测算结果，分析创新层企业的融资效率是否得到改善及改善程度。同时，通过剖析融资效率分解项来探析创新层企业融资未达有效状态的原因及可能存在的融资桎梏。主要得出如下结论：

（1）新三板创新层企业融资效率不断趋好，但规模收益较差。

研究表明，分层管理以来，新三板创新层企业融资境况得到改善，且相比基础层改善程度较高。创新层企业融资效率不断趋好，这表明其技术创新和预期收益率均有较大成长空间，企业的融资冲动是技术改造或基于现有技术进行生产扩张，且该行为的效率不断提升。但研究发现，尽管创新层企业融资效率一路高涨，却仍未达到DEA有效，主要原因是规模效率偏低。处于规模报酬递增阶段的创新层企业得不到有效扩张，从而无法享受规模效益带来的经济利润，以致规模效率低下，进而制约融资效率成长。规模效率与融资效率也存在双向作用机制。新三板创新层企业的规模限制了融资效率提升，反过来，未实现融资有效也会制约企业规模的扩张。

实践证明：①由于新三板市场整体流动性的匮乏，未实现转板便利等因素，使得资金方退出渠道被阻断。资金方的缺失导致创新层公司能够筹得的资金变少，筹资规模极其不足，规模效率低下，进而对筹资效率产生不良影响；②监管层出于保护创新创业中小型企业权益的考虑，严格限制创新层企业的融资标准，融资渠道十分有限。这使得创新层企业融资处于被动状态，资金使用成本较高。且长期依赖于个别融资工具，导致资本结构不合理，无法获取资金规模收益，从而制约融资效率发展。

（2）外部环境抑制企业经营管理效果，干扰资金有效使用度，阻碍融资效率进一步提升。

本书研究表明，外部经营环境对创新层企业的管理产生了抑制效果，使得其资金使用效率未得到进一步提升，甚至有所下滑，由此制约了融资效率的进一步发展。原因主要有以下几点：①行业因素（战略新兴产业）、企业规模（大中型企业）及经济规模（销售收入）等因素对融资效率具有一定影响，区域因素（国家高新区）则未通过显著性检验。这说明不同行业、不同规模的企业获取融资及资金投向的政策便利性存在差异，融资越便利，融资投入要素表现越好，融资效率则越高；而资金投向多，能促使企业合理规划投入产出，有效配置资源，提升纯技术效率，进而提升融资效率。因此，处于较差经营环境的创新层企业，其纯技术效率表现不佳，导致其融资效率无法进一步提升。②剔除外部环境及随机变量的影响后，通过比较第一、第三阶段创新层公司筹资效率能够了解到，第一阶段的计算结果并不准确，它过于估算了外部条件对公司筹资效率产生的影响，外部经营条件对企业管理产生了抑制效果，剔除这种因素干扰后的效率值更准确地反映了创新层企业的内部管理质量。

实践证明：①二级市场价格发现功能的缺失，导致新三板很难真实反映创新层企业的投资价值，市场缺失了激励企业的作用，导致企业不注重资本运作，资金使用效率低下，进而阻碍融资效率进一步提升。②经营环境较差（非战略新兴产业等）的企业，资源配置能力有限，融资具有盲目性，资金投向不合理，由此制约融资效率。③国家高新园区优势仅作用于政府补贴政策上，未充分发挥产业集群效应。

8.2 对策建议

在我国经济结构转型的关键时期，新三板尤其是创新层肩负着拓宽中小企业融资渠道、培育和孵化战略性新兴产业以及激发社会创新潜能的重大使命。本书研究发现，新三板创新层在为创新创业企业提供融资平台、完善公司治理结构、提升公司经营能力、提高企业知名度等方面都发挥了积极作用。但随着资本市场改革的深化，新三板创新层企业在实现其融资面临了新的困难和挑战。

为进一步提升新三板创新层企业的融资效率，突破创新层融资桎梏，培育更多持续经营的高成长性创新创业型企业，推进"双创"主体市场发展，加快创新型社会建设，本书从宏观和微观两个角度，面向政府、市场和企业三个层面提出如下政策建议：

8.2.1　政府层面

（1）强化政策扶持，促进企业提升纯技术效率。

新三板分层制度虽然分出了创新层和基础层，但是存在一个比较严重的问题，那就是新三板的分层制度仅仅是把板块进行分层，然后让板块中的企业分别按它们原来的环境和方向来发展，对企业来说，上市创新层并没有得到实质上的政策优惠和制度优势，相反，进入创新层还会面临更多的监管费用。新三板分层制度要树立创新层和基础层在制度上是有差距的观念，对创新层要采取更加有利、步伐更快的改革措施。

第一，积极引导创新层企业与机构投资者高效对接。可以呼吁各级地方政府定期举办投资者对接企业的会议，使得资金的需求方和资金的供给相互匹配，帮助资金的需求方即企业寻找合适的机构投资者，帮助其改善内部管理。因为目前中小企业仍然存在着内部治理效率不足的问题，随着分层制度的实施以及企业规模的扩大，治理效率并没有改善，仍然处于较低状态，因此，让机构投资者运用其在公司治理管理方面的经验帮助中小企业提升公司治理水平，减少由于规模变大而引起的内部治理混乱的情况会对提高融资效率很有效。

第二，利用政策促进企业在细分领域的市场竞争力。新三板设立的目的是为了解决广大中小企业融资难融资贵的问题，创新层的企业则更加注重创新能力和成长性。对于企业来说，创新是企业不断发展壮大的根本原因，是体现企业是否有成长性的根本标准，企业通过创新带来的各项新技术或者新业务模式是企业的核心竞争力，因此，政府要出台政策支持新三板创新层企业的再创新活动，帮助企业利用自己的优势（例如规模较小，决策制定更灵活、本身具备一定高新科技基础），在细分行业、细分领域里做到持续不断的创新，提升自己的竞争力，保持成长性，用创新带动发展，得到更多的利润，吸引更多的机构投资者，进而提高整体的融资效率。

（2）推行分层后的差异化管理制度。

因为新三板市场挂牌门槛较低，在没有设置分层制度之前，所有公司都在一个池子里，给投资人筛选资质优秀的公司增加了成本，而且对于公司来说缺少奖励机制。增加了分层制度后，盈利能力强、成长空间大的公司可以进入创新层，进入创新层的公司会受到更为严格的监管机制，对其信息披露要求、盈利水平的要求、管理制度的要求都提高了。但是同时这些公司可以享受到更加多样的交易机制和融资方式。并不是说，进入创新层的公司可以一劳永逸，如果其盈利能力等方面下降到准入水平之下时，将会被降级清理。新三板市场应该针对创新层和基础层各自的特征，应尽快推行分层后的差异化管理制度，凸显创新层优势，以促进规模效率提升。

首先，实施流动的创新层筛选机制，挖掘具有投资价值的企业，提高创新层整体成长性。完善集合竞价交易制度，强化价格发现功能，活跃二级市场，以提升创新层流动性。

其次，在目前的制度框架下，各类投资者参与新三板市场更多倾向于将其看作一个股权投资市场，退出的期望主要寄托在转板上市或被上市公司吸收合并方面。因此，应尽快推出创新层退市制度、创新层"转板"机制等退出渠道，以促以进市场良性循环。

最后，目前创新层出现许多资质可与创业板上市企业比肩的大型企业，可在现有分层制度上再推出精选层，筛选这部分新三板"明星企业"先试先行，形成"基础层—创新层—精选层"的分层模式、"先富带动后富"的发展趋势。

虽然很早之前就提出了完善建立转板制度的想法，但是至今这项制度都没有落地。2015 年证监会提出：不应该提倡新三板作为上市跳板的这种说法。事实上，转板制度可以有效地激励公司规范经营，追求更好的盈利能力及更大的规模，同时还可以使新三板市场挂牌的公司吸引更多投资者的关注，更加有利于其融资，也有利于降低新三板挂牌公司的融资成本，有利于形成一种积极有效的市场竞争机制，增强我国资本市场的整体活力。

8.2.2 企业层面

（1）持续加大创新投入，促进科研成果产品化。

实证结果表明提高研发支出比例对提升企业融资效率有显著的促进作用。新三板企业多属于科技型中小企业，具有较好的成长性，但存在严重的创新技术投入不足、研究成果转换效率不高的问题，而以新产品的开发和新技术的应用为主导的技术创新是当下中小企业发展的关键。所以，企业要想实现长足的发展就必须加强技术创新投入，提高产品的科技含量，发展创新业务，保证企业主营业务的持续发展，实现利润的长足增长。

一方面是科技人才的聚集，因为创新成果来自于创新人才的不懈努力，创新成果的竞争本质上属于创新人才的竞争，企业应不遗余力地广泛吸纳符合企业发展需求的人才，只有这样才能在创新之路上赢在起点。企业需要通过制定一系列有针对性的制度措施来吸引创新人才并且提高人才与企业之间的黏性

169

度，比如股权激励就是新三板企业吸引人才的一个好方法，新三板企业的高成长性是股权激励有效的坚实基础。另一方面，企业需要为创新人才提供研究开发的资金，并且营造研究开发的良好内部环境，比如和谐的企业文化氛围等。

新三板创新层企业的重要优势在于技术的创新，应充分利用现阶段小规模、扁平化结构的灵活性加快产业调整和技术升级，把握市场的潜在需求，注重提高产品核心竞争力，以相对比较高的纯技术效率来增加公司的融资效率，进而深入扩大公司的规模，实现高效发展。具体来说应不断吸引高端技术人才，加大相应的研发投入，必要时采用研发风险转移手段，保证研发成功率，降低因研发风险导致的企业经营困难或破产等风险。

（2）优化融资结构，降低资产负债率。

提升企业资源配置能力，重点优化融资管理能力，促进规模效率和纯技术效率提升。企业应加强成本管理，不断降低融资成本，优化资金配置，合理规划投入产出，实现效益最大化生产方案，避免盲目的融资行为。处于规模报酬递增阶段的企业扩张规模可有效提升其融资效率，反之，融资效率最终决定了企业的成长速度。新三板创新层企业盈利能力、价值成长能力等尚佳，应根据自身情况，灵活组合不同融资工具，优化资本结构，避免出现募集资金投向不明确等问题。同时，要充分挖掘潜在优势，借助政策东风，形成规模效应。创新层企业多位于国家高新技术园区，企业应充分利用集群效应的协同作用，挖掘潜在扶持政策，主动拓宽融资渠道。

新三板企业的资产负债率普遍偏高，而偏高的资产负债率不利于企业发展，不仅会增加企业还本付息的压力，还可能触发公司的财务风险。实证分析也告诉我们，眼前的资产负债率对新三板公司的筹资效率存在负作用，因此公司在筹资前必须特别注重其负债状况，科学采取筹资办法，降低对负债筹资的依赖，进而寻找更多的筹资机会。

眼下，新三板给挂牌公司提供了一个股权筹资的方式，但挂牌企业的股权融资效果依旧不佳，挂牌企业的股权融资渠道单一，主要是定向增发，新三板市场的各主管单位应合理加快完善企业的优先股等融资渠道，及时供应相关配套，活跃新三板股权融资市场。

（3）增强资金营运能力，提高资金配置效率。

销售成本率可以作为衡量公司资金配置效率的一个指标，销售费用越少证明相同的营业开支可以带来更多的销售收入，企业的资金利用率较高，不仅可以加大盈余收入，增加内部筹资，还能够更好地促进资金周转率的增加，提升资金的配置效率，从而提高公司的筹资效率。

新三板企业应该不断聚焦于自身的经营范围，精细深耕主营业务，提高业务产出能力，在细分领域做大做强；在资金使用前，做好项目的可行性研究，让资金花在具有价值和可行的项目上，制定详细的资金使用计划并安排资金的具体用途，避免资金的浪费和闲置，企业可以通过成立并完善相关的资金部等，加强企业资金的营运管理能力，让资金投有所向、投有产出。

其次，管理效率同资金使用率、融资效率密切相关，所以对于中小企业来说，建立一套规范、有效的管理体系，提升自身的管理效率，进而提升资金使用率、融资效率是非常必要的事情。中小企业因为其规模较小，关于扩大公司规模的需求比较迫切，然而并不是说资金规模越大带给公司的效益就越大。每个公司都应该结合其生命周期与现有规模、未来发展前景综合考虑，以确定一个合理的现有规模。如果一味地追求更大的资金规模，然而公司并没有消化这么大规模资金的实力的话，将会导致资金的浪费，降低资金管理效率和融资效率。当然，处于规模报酬递增状态的公司要及时扩大资金规模，但是处于规模报酬递减状态的公司就应该及时缩减资金规模，避免造成不必要的浪费。处于规模报酬递增状态的公司，应该在每一次融资之前，合理分析投资需求，避免出现融资资金不足或者是融资资金过剩等现象。对所融资金的投资计划进行合理分析，充分分析投资计划的可行性及投资收益率，而且在融资完成后，不能随意改变资金使用用途，只有这样才能保证融资所得资金能最大化实现其效益，提升公司资金管理效率、提升融资效率。

8.2.3 市场层面

（1）拓宽中小企业直接融资渠道。

现如今，新三板公司的融资渠道重点包括定向增发、银行信贷、民间借贷等，但相比主板上市企业来讲，融资路径还有待拓展。

新三板企业在银行信贷等方面的负债融资较多，企业的资产负债率偏高。股转系统和其他有关部门应该合力鼓励企业新的融资模式。例如，2016 年 6 月试点的投贷联动就是契合新兴行业筹资要求的新方法，给我国科技类公司的融资问题带来了新的解决方法。[①] 它是将传统银行信贷投放与股权投资形成联动的业务模式，优质的创新中小企业通过筛选后获得股权融资，与此同时，商业银行及时提供信贷配套，不仅能够给企业带来融资支持，也可在一定程度上

[①] 著名经济学家连平认为投贷联动模式可以丰富科创企业的融资方式，引导银行资金流入科创企业（http://capital.people.com.cn/n1/2016/0926/c405954-28740692.html）。

缓解上中小企业融资难的问题。① 投贷联动融资模式对标的企业的科技创新能力要求较高，创新层上的企业普遍比基础层上的企业更加优质，可以优先在创新层上大力试点。加强投贷联动业务的建设，离不开商业银行与股权投资机构的协调配合，也离不开有关人员专业能力的建设，更离不开风险控制和隔离。投贷联动业务毕竟属于创新业务，要在可控合规的范围内开展业务。

应不断拓宽融资渠道，丰富新三板创新层的金融服务模式，促使规模收益上涨。为创新层企业对接各层次风险投资、各类股权投资基金，从而降低其融资杠杆，助力企业稳健成长。调整二级市场准入标准，引入个人投资者，丰富资金来源。推行券商持续督导"终身制"，定期进行执业评价，以杜绝中介机构"甩锅""抛绣球"等现象。强化创新层企业信息披露制度，以减少信息不对称引致的道德风险问题，提高其信息透明度和可靠度，吸引银行等更多金融机构资金流入。在风险可控的条件下鼓励金融机构为创新层企业提供定制化融资服务，甄别企业盈利性、成长型，提高企业经营风险管控水平，进而降低资金方的选择成本，同时激励场外民间资本进驻新三板创新层。

除了直接定向增发外，目前新三板其他的融资方式融得的资金规模较小，有一定的发展规模，例如新三板总计发行 37 支债券，募集资金 280 亿元，2017 年总质押股数 689.60 万股。因此可以继续积极探索股权质押融资，应收账款质押，无形资产（专利）质押融资等多种融资方式，鼓励各大国有银行及商业银行开展投贷联动的政策，为中小企业的发展提供有效的帮助。并且还可以鼓励优秀的新三板企业以发行私募债的方式融资，增加优秀企业的融资渠道。

创新层企业多为战略性新兴产业，这类企业多属于新兴行业的生力军，通常具有较大发展空间。但发展尚不成熟，规模小，企业产品、技术和市场风险大，最终会引致生存风险。战略性新兴产业企业承担着产业转型的重要职能，应在税收、融资等方面给予专项支持，解决其由于融资约束导致规模收益较低的问题。政策优惠可扶持企业做大做强，引导外部投资者认可其投资价值，进而提高融资效率，形成良性循环。

政府应积极推进高新技术园区的融资便利，设立相关的产业基金和孵化基地，对符合条件的创新层企业进行专项扶持，以此促进高新技术产业集群，发挥集群的协同作用。

---

① 这些企业已经经过股权投资机构的筛选，说明具备较好的成长性，银行贷款可以从未来企业的利益中分配得到偿还。

（2）完善新三板交易制度，提升市场流动性。

实证结果表明，目前做市商制度并未对新三板企业融资效率带来预期的改善效果。自 2014 年 6 月开始试行至今，做市商制度已实施四年之久，然而新三板市场流动性并未得到明显改善，主要原因有做市商数量过少而带来的价格有效竞争不足、流通股数量较少而带来的企业股权难以流通、做市商职能定位的缺失、交易门槛偏高和准入门槛偏低等。这一系列的问题使得做市商制度功能的发挥空间有限，所以，做市商制度在新三板市场上的功能发挥离不开企业自身和相关部门的齐心协力。首先，企业需要适当释放股权，让市场上有更多的流通股；其次，主管部门需要通过试图丰富新三板市场做市商的种类和数量，活跃做市商行业；再次，新三板市场不断成熟，市场中需要引入更多的投资者，包括个人投资者和机构投资者，比如可以适当降低投资门槛辅以投资者教育等；最后，监管部门需要时刻监督做市商在职能定位上的功能表现。

此外，2017 年 12 月 22 日，股转系统明确就基础层和创新层企业差异化地引入了竞价交易制度，形成混合式的交易模式，新制度于 2018 年 1 月 15 日开始实施。竞价交易转让是对现有股权转让方式的一种补充，有助于提升市场流动性，进一步发挥价格发现功能，合理提供企业估值水平，改善企业资金融入效率。股转系统和其他有关部门应尽快完善竞价交易的相关配套，以促进新三板市场流动性的改善。

一方面，可以利用创新层试点竞价交易制度。目前新三板整体的流动性不好，制约了新三板的资源配置效率，使得闲置资金难以进出企业，投资者不能及时退出自己觉得不好的企业，也不易顺利投资自己看好的企业，并且分层以后创新层的流动性情况也不是很乐观。既然创新层是从基础层选择出来的优秀的企业，因此愿意投资创新层企业的投资者和资金应该也会更多。协议转让和做市交易方式是目前已有的转让方式，那么可以对标国际上其他中小企业资本市场的经验，增加竞价交易制度来提升新三板企业的转让效率，为机构投资者提供更好的进入退出企业的渠道，为优质企业提供更多的发展资金。

另一方面，可以降低创新层合格投资者的门槛。新三板创新层所采用的信息披露制度及满足的其他要求比基础层更加高，这能够有效减少投资者所承受的道德风险，在此条件下，我们可以提出一系列降低创新层投资者准入门槛的政策，这会增加投资者的数量，为创新层公司的股权交易市场创造更多的闲置资金，增加公司估值的科学性，帮助企业对融资行为定价或者质押融资行为提供合理估值，进而提高创新层企业的融资效率。

适当扩大合格投资者规模，例如适当允许部分公募基金或者保险资金进入创新层充当机构投资者或者做市商，这种做法能够增加新三板企业的资金来源，同时提高创新层的融资总规模，让更多的创新层企业能够快速达到最佳规模，改善自身的资本结构，提升竞争力。

总体而言，新三板创新层企业融资效率的提高不仅需要政策环境的推动，更需要企业自身的厚积薄发。既有赖于企业不断实现规模报酬递增，持续进行技术革新，合理配置企业资源，从而扩张生产可能性边界，也取决于企业资金成本管理水平、资金投向的有效性。不仅要"输对血"，更要"用好血"，从而提升创新层企业融资效率，促进企业持续健康发展。

参 考 文 献

英文文献

[1] Almeida H, Wolfenzon D. The effect of external finance on the equilibrium allocation of capital. Social Science Electronic Publishing, 2005, 75 (1): 133-164.

[2] Avkiran N K. Developing foreign bank efficiency models for DEA grounded in finance theory. SOCIOECONOMIC PLANNING SCIENCES, 2006, 40 (4): 275-296.

[3] Beck T, Demirguec-Kunt A, Maksimovic V. Financial and Legal Constraints to Growth: Does Firm Size Matter?. Journal of Finance, 2010, 60 (1): 137-177.

[4] Bali T G, Cakici N, Fabozzi F J. The new issues puzzle: evidence from non-US firms. Applied Economics Letters, 2013, 20 (17): 1586-1591.

[5] Banker R D, Charnes A, Cooper W W. Some Models for Estimating Technical and Scale Inefficiencies in Data Envelopment Analysis. Management Science, 1984, 30 (9): 1078-1092.

[6] Barclay M J, Smith C W. The Capital Structure Puzzle: The Evidence Revisited. Journal of Applied Corporate Finance, 2010, 17 (1): 8-17.

[7] Bradbury M E. Government Ownership and Financial Performance in a Competitive Environment: Evidence from the Corporatization of the New Zealand Government Computing Services. Asia Pacific Journal of Management, 1999, 16 (1): 157-172.

[8] Broom K D, Ness R A V, Warr R S. Cubes to quads: The move of QQQ from AMEX to NASDAQ. Journal of Economics & Business, 2007, 59 (6): 0-535.

[9] Charnes A, Cooper W W, Rhodes E. Measuring the Efficiency of Decision-

Making Units. European Journal of Operational Research, 1978, 2 (6): 429-444.

[10] Charnes A, Cooper W W, Rhodes E. Evaluating Program and Managerial Efficiency: An Application of Data Envelopment Analysis to Program Follow Through. Management Science, 1981, 27 (6): 668-697.

[11] Chemmanur T J, Krishnan K, Nandy D K. How Does Venture Capital Financing Improve Efficiency in Private Firms? A Look Beneath the Surface. Social Science Electronic Publishing, 2008, 24 (12): 4037-4090.

[12] Chen G, Firth M, Kim J B. The Post-Issue Market Performance of Initial Public Offerings in China's New Stock Markets. Review of Quantitative Finance & Accounting, 2000, 14 (4): 319-339.

[13] Columba F, Gambacorta L, Mistrulli P E. Mutual Guarantee Institutions and Small Business Finance. Journal of Financial Stability, 2010, 6 (1): 45-54.

[14] Diamond D W. Financial Intermediation and Delegated Monitoring. Review of Economic Studies, 1984, 51 (3): 393-414.

[15] Edmund H. Mantell. A Theory of the Risks of Venture Capital Financing. American Journal of Economics and Business Administration, 2009, 1 (2): 131-143.

[16] Farrell M J. The Measurement of Productive Efficiency. Journal of the Royal Statistical Society, 1957, 120 (3): 253-290.

[17] Fried H O, Lovell C A K, Schmidt S S, et al. Accounting for Environmental Effects and Statistical Noise in Data Envelopment Analysis. Journal of Productivity Analysis, 2002, 17 (1/2): 157-174.

[18] Fuhlbrigge A, Peden D, Apter A J, et al. Asthma outcomes: Exacerbations. Journal of Allergy & Clinical Immunology, 2012, 129 (3): S34-S48.

[19] Grossman S J, Hart O D. Takeover Bids, The Free-Rider Problem, and the Theory of the Corporation. The Bell Journal of Economics, 1980, 11 (1): 42-64.

[20] Haniffa R, Hudaib M. Corporate Governance Structure and Performance of Malaysian Listed Companies. Journal of Business Finance & Accounting, 2006, 33 (7): 1034-1062.

[21] Harris M, Raviv A. Capital Structure and the Informational Role of Debt. Journal of Finance, 2012, 45 (2): 321-349.

［22］ Hashimoto A, Haneda S. Measuring the change in R&D efficiency of the Japanese pharmaceutical industry. Research Policy, 2008, 37 （10）: 1829-1836.

［23］ Hogan T, Hutson E. Capital Structure in New Technology-Based Firms: Financing in the Irish Software Sector. Global Finance Journal, 2005, 15 （3）: 369-387.

［24］ Hudson R. Stock return predictability despite low autocorrelation. Economics Letters, 2010, 108 （1）: 101-103.

［25］ Jackson P M, Fethi M D. Evaluating the efficiency of Turkish commercial banks: an application of DEA and Tobit Analysis. EPRU Discussion Papers, 2000.

［26］ Jain B A, Kini O. The Post-Issue Operating Performance of IPO Firms. Journal of Finance, 1994, 49 （5）: 1699-1726.

［27］ Jensen M C, Ruback R S. The market for corporate control: The scientific evidence. Journal of Financial Economics, 1983, 11 （1-4）: 5-50.

［28］ Kevin D. Broom1 & Jason S. Turner. The Relationship between Listing Requirements and Market Quality: An Examination Using NASDAQ's Tiered Market Structure. International Journal of Financial Research, 2016, 7 （5）: 225-241.

［29］ Kevin D. Broom1. Tiered market structures: an empirical examination of NASDAQ. The University of Mississippi, 2009.

［30］ Lane D. The cost of capital, corporation finance and the theory of investment: a refinement. Applied Economics Letters, 2009, 16 （10）: 1017-1019.

［31］ Levine R, Zervos S. Stock market development and long-run growth. Policy Research Working Paper, 2013, 10 （2）: 323-339.

［32］ Liu J S, Lu L Y Y, Lu W M, et al. Data envelopment analysis 1978-2010: A citation-based literature survey. Omega-international Journal of Management Science, 2013, 41 （1）: 3-15.

［33］ Loughran T, Ritter J R. The New Issues Puzzle. Journal of Finance, 1995, 50 （1）: 23-51.

［34］ Modigliani F, Miller M H. The Cost of Capital, Corporation Finance and the Theory of Investment. The American Economic Review, 1958, 48 （3）: 261-297.

［35］ Miller M H, Modigliani F. Dividend Policy, Growth, and the Valuation of Shares. Journal of Business, 1961, 34 (4): 411-433.

［36］ Myers S C, Majluf N S. Corporate Financing and Investment Decisions When Firms Have Information that Investors Do Not Have. Journal of Financial Economics, 1984, 13 (2): 187-221.

［37］ Porta R L. Legal Determinants of External Finance ［J］. Journal of Finance, 1997, 52 (3): 1131-1150.

［38］ N. Berger A, F. Udell G. The economics of small business finance: The roles of private equity and debt markets in the financial growth cycle. Journal of Banking & Finance, 1998, 22 (6): 613-673.

［39］ Romano C A, Tanewski G A, Smyrnios K X. Capital Structure Decision Making: A Model for Family Business. Journal of Business Venturing, 2001, 16 (3): 285-310.

［40］ Sarriaallende V, Klapper L, Sulla V. Small and medium size enterprise financing in Eastern Europe (English). Social Science Electronic Publishing, 2002: 1-60.

［41］ Staub R B, Souza G, Tabak B M. Evolution of Bank Efficiency in Brazil: A DEA Approach. European Journal of Operational Research, 2010, 202 (1): 204-213.

［42］ Thomas J. Chemmanura, Paolo Fulghierib, c. Competition and cooperation among exchanges: A theory of cross-listing and endogenous listing standards. Journal of Financial Economics, 2006: 455-489.

［43］ Torre A D L, Pería M S M, Schmukler S L. Bank involvement with SMEs: Beyond relationship lending. Journal of Banking & Finance, 2010, 34 (9): 2280-2293.

中文文献

［1］ 柴瑞娟，朱士玉. 从美国纳斯达克市场分层评我国新三板分层. 海南金融, 2016 (5): 25-32.

［2］ 陈璨. 新三板企业股权质押融资分析. 成都: 西南财经大学, 2016.

［3］ 陈彩虹，李智琼，方媛. 中小企业板的南京上市企业融资效率评价——基于 DEA 模型的分析. 中国商界（上半月），2010 (5): 19-20.

［4］ 陈明利，梅世云，伍旭川. 融资模式对融资约束与融资效率的影响——基

于沪深两市的实证研究．上海经济研究，2018（4）：83-95．

[5] 陈巍巍，张雷，马铁虎，等．关于三阶段 DEA 模型的几点研究．系统工程，2014（9）：144-149．

[6] 邓超，魏慧文，唐莹．基于 DEA 方法的我国环保企业融资效率评价分析．中南大学学报（社会科学版），2013，19（5）：8-13．

[7] 丁华，高丹．新三板挂牌企业融资效率——基于 DEA-Malmquist 方法．会计之友，2019（2）：21-25．

[8] 樊瑞萍．分层制度对我国新三板市场的影响．金融经济，2016（20）：74-76．

[9] 方先明，吴越洋．中小企业在新三板市场融资效率研究．经济管理，2015，37（10）：42-51．

[10] 费腾．MM 理论及其对我国的借鉴意义研究．商业会计，2015（2）：44-47．

[11] 冯海红．小额贷款公司财务效率和社会效率及其影响因素基于 DEA-Tobit 两阶段法的实证分析．财经理论与实践，2017，38（3）：33-38．

[12] 方燕，白先华．中国商业银行经营效率分析——三阶段 DEA 之应用．中央财经大学学报，2008（6）：41-46．

[13] 高山．基于 DEA 方法的科技型中小企业融资效率研究．会计之友（下旬刊），2010（3）：86-88．

[14] 耿成轩．基于 Malmquist 方法的江苏省机械制造业上市公司融资效率研究．社会科学家，2017（1）：74-79．

[15] 何玉梅，吴莎莎，杨锐．军民融合企业融资效率评价研究——来自四川军民融合上市企业的经验证据．科技进步与对策，2018，35（4）：138-144．

[16] 黄华继，黄燕宁，魏光辉．基于 DEA-Malmquist 指数分析法的新三板企业分层问题研究．邵阳学院学报（社会科学版），2017，16（4）：70-77．

[17] 黄明劼，郝革红．新三板分层制度对中小企业融资影响分析．轻工科技，2016，32（9）：122-123．

[18] 胡慧娟，李刚．中小企业融资效率影响因素分析．会计之友（中旬刊），2018（9）：46-47．

[19] 胡旭微，王羽．电商企业融资效率影响因素研究综述．经营与管理，2016（7）：122-124．

[20] 胡书芳．中国物流企业融资效率实证研究．物流技术，2017，36（5）：

28-31+35.

[21] 黄毅．基于 DEA 方法的小微企业融资效率分析．财会通讯，2016（8）：43-45.

[22] 侯岭艳，李雪兰．我国新三板分层制度对市场流动性的影响分析．山西农经，2016（8）：85.

[23] 金辉，黄珏．基于两阶段 DEA 模型的新三板企业融资效率评价．生产力研究，2017（9）：29-33.

[24] 荆新瑜，梁修玉．我国新三板市场分层制度与国际借鉴研究．现代经济信息，2015（20）：320.

[25] 康淑娟．行业异质性视角下高技术产业创新价值链效率测度——基于 SFA 修正的三阶段 DEA 模型的实证分析．科技管理研究，2017，37（6）：7-12.

[26] 李林汉，王宏艳，田卫民．基于三阶段 DEA-Tobit 模型的省际科技金融效率及其影响因素研究．科技管理研究，2018，38（2）：231-238.

[27] 李维林，刘博楠．私募股权投资对中小高新企业的影响——基于新三板创新层的研究［J］．山东社会科学，2018（3）：118-123.

[28] 李萍，甘德安，熊学萍．基于 DEA 分析的上市家族企业股权再融资效率研究——内部传承视阈下中部六省的实证．湖北社会科学，2017（1）：67-71.

[29] 李芳，王超．创新型中小企业融资效率评价体系构建．统计与决策，2014（2）：172-175.

[30] 李然．新三板分层管理与市场价值发现功能的提升——兼论挂牌公司创新层达标问题．财会通讯，2017（2）：73-76.

[31] 李亮，崔晋川．DEA 方法中输入输出项目的选择和数据处理．系统工程学报，2003，18（6）：487-490.

[32] 李政，吴非，李华民．新三板企业融资效率、衍生风险与制度校正．经济经纬，2017（5）：159-164.

[33] 李争光，赵西卜，曹丰，卢晓璇．机构投资者异质性与企业绩效——来自中国上市公司的经验证据．审计与经济研究，2014，29（5）：77-87.

[34] 廖艳，沈亚娟，杨选思．新三板中小企业融资效率及其影响因素研究．会计之友，2017（11）：49-53.

[35] 蔺鹏，孟娜娜．科技型中小企业融资支持政策的运作机理及效果评估——基于 SFA 模型的实证分析．软科学，2018，32（3）：38-42.

[36] 刘广斌，李建坤．基于三阶段 DEA 模型的我国科普投入产出效率研究．中国软科学，2017（5）：139-148.

[37] 刘岚．中国股指期货市场上投资者异质性及其投资策略研究．长沙：湖南大学，2013.

[38] 刘丽，宋子佳，张同功．基于 DEA-VRS 模型的我国科技型中小企业融资效率实证研究．青岛科技大学学报（社会科学版），2016，32（2）：71-74.

[39] 刘玲利，王聪．我国高新技术上市公司融资效率评价研究．经济纵横，2010（10）：103-106.

[40] 刘明广．基于 DEA-Malmquist 指数法的广东区域创新体系创新效率动态评价．统计与管理，2017（1）：67-71.

[41] 刘玮琳，夏英．我国农村基本公共服务供给效率研究——基于三阶段 DEA 模型和三阶段 Malmquist 模型．现代经济探讨，2018（3）：123-132.

[42] 刘孝亮，李成刚．基于 DEA 模型创业板上市公司融资效率实证分析．时代金融，2017（21）：137-138.

[43] 罗秋萍．我国创业板上市公司上市前后融资效率对比研究．长沙：湖南大学，2012.

[44] 罗春燕，张品一，李欣，等．基于 DEA 方法的文化金融产业融资效率研究．统计与决策，2016（23）：107-109.

[45] 吕子文，吴海燕．科技型中小企业在新三板市场中的融资效率研究——以浙江省为例［J］．浙江金融，2017（9）：51-58.

[46] 聂新兰，黄莲琴．企业融资效率理论分析框架．工业技术经济，2007（10）：157-159.

[47] 卢福财．企业融资效率分析．北京：中国社会科学院研究生院，2000.

[48] 马亚军，宋林．企业融资效率及理论分析框架．吉林工商学院学报，2004（2）：19-23.

[49] 孟媛，杨扬，陈敬良，等．我国科技型小微企业融资效率的实证研究．上海理工大学学报，2015（3）：289-294.

[50] 马国平．MM 理论与科斯定理．理论月刊，2005（2）：43-44.

[51] 马慧芸．对新三板市场流动性影响因素的探索．北京：北京外国语大学，2017.

[52] 孟佳颖．基于 DEA 模型的北京市新三板挂牌企业股权融资效率评价．经营与管理，2018（1）：101-104.

[53] 潘越. 区域股权市场转板至新三板公司的融资效率研究——基于齐鲁股权交易中心 20 家转板公司的分析. 证券市场导报, 2018, 314（9）: 6-12, 22.

[54] 齐杏发. 新三板的发展瓶颈与对策研究. 管理世界, 2017（10）: 180-181.

[55] 尚欣荣. 我国上市公司融资效率研究综述. 技术与创新管理, 2011, 32（4）: 346-349.

[56] 沈忱. 中小企业在新三板市场融资效率研究——基于三阶段 DEA 模型定向增发研究. 审计与经济研究, 2017, 32（3）: 78-86.

[57] 沈友华. 我国企业融资效率及影响因素研究. 南昌: 江西财经大学, 2009.

[58] 盛明泉, 李昊. 优序融资理论对上市公司融资行为的解释力. 山西财经大学学报, 2010, 32（10）: 49-56.

[59] 宋光辉, 李洪发, 许林. 基于两阶段 DEA 的科技型中小企业融资效率研究. 科技管理研究, 2017, 37（2）: 191-195.

[60] 宋增基, 张宗益. 上市公司融资效率实证分析. 商业研究, 2003（5）: 97-100.

[61] 宋文兵. 关于融资方式需要澄清的几个问题. 金融研究, 1998（1）: 35-42.

[62] 宋钰. 新三板企业定向增发融资效率研究. 成都: 西南财经大学, 2016.

[63] 孙燕芳, 曹永鹏. 公用事业类上市公司融资效率分析研究. 山东社会科学, 2018（9）: 168-173.

[64] 孙鬜, 张文松, 孟为. 高新区建设有助于降低中小企业融资约束吗？——来自"新三板"挂牌企业的经验证据. 证券市场导报, 2018, 311（6）: 44-52.

[65] 谈叙, 欧阳红兵. 我国新三板分层管理制度研究. 改革与战略, 2017, 33（3）: 34-37.

[66] 田金方, 王冬冬, 陶虎. 资本市场融资效率的行业检验——来自中国上市公司的经验证据. 商业经济与管理, 2017（3）: 51-61.

[67] 王凤荣, 赵建. 基于投资者异质性信念的证券定价模型——对我国股票市场价格的实证检验. 经济管理, 2006（18）: 41-46.

[68] 王海荣, 鄂奕洲. 生态协同视阈下江苏新能源产业融资效率研究. 华东经济管理, 2018, 32（5）: 16-21.

[69] 王健俊，邱杰，玉琦彤．我国制造业上市公司在中小板市场的融资效率测度——基于三阶段 DEA-Malmquist 模型．当代金融研究，2018，8（5）：86-98.

[70] 王静．科技型中小企业融资效率评价指标体系构建探讨——基于 DEA-Malmquist 的视角．财会通讯，2014（20）：17-19.

[71] 王琼，耿成轩．金融生态环境、产权性质与战略性新兴产业融资效率．经济经纬，2017（3）：87-92.

[72] 王维，桂嘉伟，乔朋华．多维视阈下信息技术企业融资效率比较研究．科技进步与对策，2017，34（21）：147-152.

[73] 王秀贞．中小企业融资与成长的关系研究．北京：北京交通大学，2017.

[74] 王秀贞，丁慧平，胡毅．基于 DEA 方法的我国中小企业融资效率评价．系统工程理论与实践，2017，37（4）：865-874.

[75] 王雪．基于 DEA 的我国文化产业上市企业融资效率评价研究．西安：西安外国语大学，2014.

[76] 魏权龄．评价相对有效性的数据包络分析模型．北京：中国人民大学出版社，2012.

[77] 吴广谋，盛昭瀚．指标特性与 DEA 有效性的关系．东南大学学报（自然科学版），1992，22（5）：124-127.

[78] 吴科任．新三板分层兑现差异化制度福利．中国证券报，2017-12-23（A03）.

[79] 吴阳芬，曾繁华．我国新三板中小企业融资效率测度研究．湖北社会科学，2019（1）：23-25.

[80] 夏宝藏．中小企业在新三板挂牌前后融资效率的比较研究．合肥：合肥工业大学，2016.

[81] 肖雅，郭晓顺．新三板高新技术企业股权融资效率评价．财会月刊，2018，831（11）：59-63.

[82] 修国义，李岱哲．科技型中小企业新三板融资效率测度研究．科技进步与对策，2016，33（14）：124-128.

[83] 熊园，魏景明．分层制度下商业银行新三板业务应对策略．中国银行业，2016（8）：96-97.

[84] 徐凯．资本市场分层的理论逻辑与效应检验：基于中国新三板市场的分析．金融经济学研究，2018，33（2）：86-96.

[85] 徐晓光，王舍，郑尊信．我国新三板市场流动性风险测度及分析．当代

经济研究，2017（11）：82-89.

[86] 徐玉莲，赵文洋，王玉冬．科技型中小微企业融资效率视角的地方政府行为评估——以黑龙江省为例．科技进步与对策，2017，34（15）：32-37.

[87] 薛晔，蔺琦珠，高晓艳．中国科技金融发展效率测算及影响因素分析．科技进步与对策，2017，34（7）：109-116.

[88] 颜晓旭．我国高新技术企业融资效率评价的探讨商业会计，2007（13）：39-40.

[89] 杨国佐，张峰，陈紫怡．新三板挂牌公司融资效率实证分析．财经理论与实践，2017，38（2）：48-53.

[90] 杨辉旭．多层次资本市场中新三板市场的法律制度供给与选择．云南社会科学，2017（3）：150-157.

[91] 杨蕾．中小企业板上市公司融资效率分析．广州：广东外语外贸大学，2007.

[92] 叶龙．新三板创新层企业融资行为与绩效研究．杭州：浙江大学，2017.

[93] 袁卓苗，王聪，周立群．科技型中小微企业新三板市场融资效率研究——兼析破解科技型中小微企业融资成本高问题路径选择．价格理论与实践，2018（1）：110-113.

[94] 张天顶，胡颦杨．众筹项目融资效率的影响因素分析．软科学，2017，31（3）：16-20.

[95] 张晓芮．新三板创新层科技型中小企业融资绩效研究．企业科技与发展，2017（7）：141-143.

[96] 张晓．前沿生产函数及其统计估计．数量经济技术经济研究，1992（9）：31-38.

[97] 曾刚，耿成轩．京津冀战略性新兴产业融资效率测度及其协同发展策略．中国科技论坛，2018（12）：142-149.

[98] 曾辉．资产证券化与中国资本市场发展．金融管理与研究（杭州金融研修学院学报），2005（5）：15-17.

[99] 曾康霖．怎样看待直接融资与间接融资．金融研究，1993（10）：7-11.

[100] 赵翔．银行分支机构效率测度及影响因素分析——基于超效率 DEA 与 Tobit 模型的实证研究．经济科学，2010，32（1）：85-96.

[101] 郑念宇．杭州市新三板挂牌公司股权融资效率分析．经营与管理，2017（1）：110-112.

［102］郑季良, 刘健. 创新驱动视角下中西部高耗能企业融资效率复合评价和比较研究. 科技和产业, 2018, 18 (5): 74-79, 123.

［103］朱玥颖. 我国养老产业融资效率及提升路径研究. 求索, 2017 (11): 55-64.

［104］朱震锋, 曹玉昆. 多阶段 DEA-Malmquist 指数模型下多种经营产业效率测算——基于 2007—2015 年的经验数据. 经济问题, 2017 (3): 56-61.